한국어 회화

②

한국어문화연수부편

고려대학교
민족문화연구소

머리말

먼저 한국어를 공부하기 위하여 이 교재를 선택한 여러분에게 감사를 드린다.

우리나라는 꾸준한 경제, 사회적 성장을 통하여 이제 세계사의 커다란 흐름의 중심에 굳건히 자리잡은 위대한 국가로 발전하고 있다. 아울러 이러한 시대적, 국제적 상황의 변화 속에서 한국어 역시 세계인의 주목을 받고 있으며, 국제어로서 한국어를 습득하기 위한 외국인의 관심은 날로 높아가고 있다.

바로 이와같은 역사적 흐름에 발맞추어 본 연구소는 지난 1986년 **한국어문화연수부**를 설립하여 외국인 및 우리말을 모르는 해외동포들에게 한국어를 교육하여 왔다. 본 연구소에서 실시하고 있는 한국어 교육은 단순히 어학능력의 배양과 향상만이 아니라 한국의 문화를 함께 이해하게 하는 데에 더 큰 목표를 두고 있다. 이는 이렇게 하는 것이 보다 높은 차원에서 한국어를 이해하는 바른 길이 된다고 믿기 때문이기도 하다. 그리고 이를 통해 한국문화의 해외 확산 및 국제간 민간교류에도 커다란 기여를 하게 되리라고 생각하는 바이다.

본 한국어 교재는 이와같은 한국어 교육의 목표를 좀 더 효율적이고 충실히 달성하기 위하여 본 연구소 교수진의 열의와 정성이 뭉쳐져 이루어진 것이다. 본 연구소에서는 이미 1986년『한국어 독본Ⅰ,Ⅱ』를 편찬한 바 있고 그 사이 강의를 통하여 개선할 점을 부분 수정하여 활용했으며, 1988년 이를 전면 개정하여「한국어 1-4」로 개편, 활용하다가 이제 이를 토대로 다시 새롭게 개정판을 펴내게 되었다.

특히 이 책은 그동안 현장에서 쌓은 다양한 교수경험과 선진 언어교육이론을 토대로 하여 이전의 부족한 점을 수정, 보완하였고 특히 생생한 상황설정을 통하여 실생활에 가장 유용한 생활언어의 습득에 중점을 두어 편찬하였다. 따라서 한국어를 배우고자 하는 모든 분들에게 가장 효과적이고 보람있는 교재라고 자부하는 바이다. 그러나 이 책에도 여러가지 문제점이 있을 것으로 생각된다. 앞으로 발견되는 부족한 점은 계속 수정하고 보완하여 더 좋은 한국어교재를 만들고자 하니 독자 여러분의 많은 질정을 바란다.

끝으로 이 책의 집필을 맡아 수고한 본 연구소의 김영아, 김정숙 연구원과 영어 풀이를 맡아준 강영 연구원, 이희경 선생, 일어 풀이를 해 준 前田典子 선생, 삽화를 그려 준 이현주 선생, 그리고 교정과 제작에 참여한 관계자 여러분에게 깊은 감사의 뜻을 표한다.

1991. 7.

고려대학교 민족문화연구소

소 장 정 재 호

목 차

제 1 과 오래간만이에요 ·· 1
제 2 과 한국 생활이 힘들지 않아요? ··· 13
제 3 과 이 옷에 어울리는 구두면 좋겠는데요 ································· 23
제 4 과 한국에 온 지 얼마나 됐어요? ··· 34
제 5 과 복　습 Ⅰ ··· 44
제 6 과 내일이 친구 생일이라서 선물 좀 살까 해서요 ················· 46
제 7 과 짧게 잘라 주세요 ·· 57
제 8 과 시들기는요 ··· 69
제 9 과 죽을 드시는 게 좋겠어요 ·· 84
제 10 과 복　습 Ⅱ ··· 93
제 11 과 너 어제 하루종일 어디 갔었니? ·· 96
제 12 과 내일은 해가 서쪽에서 뜨겠다 ··· 107
제 13 과 민속촌 같은 데가 어때? ·· 118
제 14 과 얼마 전에 용돈 받았다고 했잖아 ····································· 130
제 15 과 복　습 Ⅲ ··· 139
제 16 과 친구들이랑 농구를 하다가 다쳤대요 ································ 142
제 17 과 지난 주말에도 여행 갔다왔다면서? ································· 153
제 18 과 아프신데도 할 수 있겠습니까? ··· 164
제 19 과 배가 아프단 말이에요 ·· 173
제 20 과 복　습 Ⅳ ··· 185

색　인 ·· 188

일러두기

　본 개정판에서는 한국어 교육과정에 있어 네 단계로 나뉘어져 있던 이전의 교과서를 여섯 단계로 세분하였다. 이 책은 그 중 두번째 단계의 것으로 일상적인 기초 회화를 습득한 학습자에게 필요한 회화를 중심으로 다양한 활용을 보임으로써 효과적인 한국어 학습의 안내서가 되게 하였다.
　이 책은 모두 20과로 되어 있고, 각 과는 본문, 새단어, 기본문형, 연습, 새단어의 순서로 되어 있다.
　이 책은 지금까지의 한국어 교재와는 다른 내용과 방법을 제시하고 있다. 지금까지의 한국어 교재들이 이해와 암기를 위주로 하여 독본과 회화를 체계적으로 구분하지 않았던 것을 수정하여, 회화교재로서의 모습을 갖추고자 노력하였다. 살아 있는 한국어를 보여주기 위해 현재 일상회화에서 많이 사용되는 구어체 문형들을 모두 소개하고 다양한 활용례를 제시하였다. 또한 이를 진행함에 있어서는 기존의 교재와는 다르게 문법설명 위주의 진행법을 쓰지 않고 학습자의 인지 능력을 최대한 활용할 수 있는 유의적 학습 방법을 사용하여 기계적인 암기 위주의 학습법을 지양하였다.
　본문에서는 학습자가 한국에서 마주칠 수 있는 자연스러운 상황을 제시하고, 여기에 한국인들이 실제 회화에서 많이 사용하는 단어와 문형을 단계적으로 배열하였다. 그리고 기본 문형과 연습을 통해 이를 충분히 익힐 수 있도록 하였는데, 여기서도 단순한 반복이나 활용에 그치지 않고 학습자의 학습 의욕을 자발적으로 북돋울 수 있는 방법을 사용하였다.
　또한 새단어와 문법사항들을 영어와 일본어로 옮겨 학습자의 이해를 높이고 학습의 편의를 돕게 하였다. 그리고 5과마다 복습 과를 두어 앞에서 배운 것을 충분히 복습할 수 있게 하였다.

민족문화연구소　한국어 교재 편찬실

제 1 과 　오래간만이에요

수잔 : 안녕하세요, 수미씨.

수미 : 안녕하세요, 수잔씨.

　　　 정말 오래간만이에요. 그동안 어떻게 지냈어요?

수잔 : 잘 지냈어요.

　　　 수미씨는 그 동안 굉장히 바빴나 봐요.

수미 : 네, 아르바이트 하느라고 좀 바빴어요.

　　　 그래서 그 동안 전화도 한 번 못했어요.

　　　 시간이 있으면 우리 다방에 가서 차나 한 잔 할까요?

수잔 : 네, 좋아요.

새단어

오래간만	It has been a long time since, after a long separation(interval)	久しぶり
지내다	to get along, to spend time	過ごす, 暮らす
그 동안 어떻게 지냈어요?	How have you been? How are you?	どうしてましたか (元気でしたか)
굉장히	awfully, terribly, immensely	とても
-나 보다	It seems that	-らしい, -ようだ
아르바이트	part-time job	アルバイト
-느라고	because doing something	-の爲に, -で
-도 한 번 못하다	couldn't do even once	-さえ一度もできない
-(이)나	what about(*particle*)	-や, -でも

기본문형

1. ─────────────────────────────────
   -나 보다 / -ㄴ가 보다   IT SEEMS LIKE...
   ─────────────────────────────────

   -나 보다 / -ㄴ가 보다 is followed by a verb, an adjective or a noun, and expresses one's <u>speculation</u>. In the case of present tense -나 보다 or -는가 보다 is used for a verb, but in conversation, we use -나 보다 more often. While -(으)ㄴ가 보다 or -(이)ㄴ가 보다 is used for an adjective or a noun. In the case of past tense, we add -았/었나 보다(-았/었는가 보다) to the stem of a verb or an adjective, and -이었나/였나 보다 to the noun.

   1) present tense
      a) verb : stem + -나(는가) 보다
      b) adjective : stem + -(으)ㄴ가 보다
      c) noun : noun + -(이)ㄴ가 보다

2

2) past tense
   a) verb, adjective : stem + -았/었나(-았/었는가) 보다
   b) noun : noun + -이었/였나(-이었/였는가) 보다

1) 영진씨는 배가 아파서 병원에 갔어요.

   많이 아픈가 봐요.

   Mr. Young-jin has a stomachache, so he went to the hospital.
   It seems that he was in much pain.

2) 선영씨는 요즘 기분이 좋은가 봐요.
   항상 싱글벙글 해요.
3) 방 안이 조용해요.
   아이들이 자나 봐요.
4) 선영씨는 오늘도 딸기를 샀어요.
   아이들이 잘 먹나 봐요.
5) 모두 철민씨를 좋아해요.
   철민씨는 아주 좋은 사람인가 봐요.
6) 수미가 오늘 우리 집에 세 번이나 전화를 했어요.
   심심했나 봐요.
7) 철민씨가 자꾸 하품을 해요.
   어제 밤에 못 잤나 봐요.
8) 땅 속에서 조개 껍데기가 많이 나왔어요.
   전에는 여기가 바다였나 봐요.

2. | -느라고 // "because of (do)ing" |

- 느라고 expresses a result of an action or the situation caused by an action. Because, we have a result or a situation caused by an action, this expression is always followed by a verb. And in -느라고 sentence, the subject of the former sentence is always the same as that of the latter sentence.

1) A : 왜 이렇게 늦게 왔어요? Why are you so late?
   B : 미안해요. 청소 좀 하고 Sorry. It's because of cleaning
   　　오느라고 늦었어요.　　　　　　　　　　the room.
2) A : 내가 부탁한 것 가지고 왔어요?
   B : 급히 오느라고 깜빡 잊어 버렸어요.
3) A : 우리 강아지 어디에 있어요?
   B : 저쪽에서 밥 먹느라고 정신이 없어요.
4) A : 어제 텔레비전에서 농구 봤어요?
   B : 아니오, 자느라고 못 봤어요.
5) A : 들고 오느라고 힘들었지요?
   B : 아니에요. 안 무거웠어요.
6) A : 뭐 하느라고 벌써 돈을 다 썼어요?
   B : 술 마시느라고 그랬어요.

3.
> 한 번도 못 하다 / 안 하다 / 없다
> - 도 한 번 못 하다 / 안 하다 / 없다

한 번(개, 명, 장……)도 is always preceded by the negative meaning(못하다 "cannot", 안하다 "do not", 없다 "there is not") and means "not at all", when we want to emphasize something and express "even it", we add - 도 to the preceding noun.

바빠서 전화를 한 번도 못 했어요.
바빠서 전화도 한 번 못 했어요.(만나는 것은 물론 못하고)

1) A : 어제 친구들 많이 만났어요? Did you meet many of your
   　　　　　　　　　　　　　　　　　　　friends yesterday?
   B : 아니오, 한 명도 못 만났어요. No, I didn't meet anyone.
2) A : 사진 많이 찍었어요?
   B : 아니오, 한 장도 안 찍었어요.
3) A : 담배 피워 본 적 있어요?
   B : 아니오, 한 번도 없어요.

4

4) A : 오전에 바빴어요?
   B : 네, 너무 바빠서 커피도 한 잔 못 마셨어요.
5) A : 공부 많이 했어요?
   B : 아니오, 교과서도 한 번 안 읽었어요.
6) A : 수미씨, 2만 원만 빌려 주세요.
   B : 미안해요. 만 원도 없어요.

4. ─ (이)나

We use this expression in an <u>imperative or a propostion</u> and it means that the thing which is ordered, proposed or intended by the speaker is not important and trivial.

1) A : 다방에 가서 차나 한 잔 할까요?   Why don't we go to the coffee shop and have some tea?
   B : 네, 좋아요.   O.K. Let's go.
2) A : 오늘 저녁에 만나서 술이나 한 잔 합시다.
   B : 나는 요즘 몸이 안 좋아서 술을 못 마셔요.
3) A : 오래간만에 왔는데, 식사하고 가세요.
   B : 30분 후에 이 근처에서 약속이 있어요.
   커피나 한 잔 주세요.
4) A : 내일 뭐 할 거예요?
   B : 글쎄요.
   특별한 일이 없으면 집에서 텔레비전이나 봐야겠어요.
5) A : 밥 먹으러 갑시다.
   B : 시간도 없는데, 빵이나 먹읍시다.
6) A : 일요일인데 밖에 안 나가요?
   B : 피곤해요.
   집에서 잠이나 자야겠어요.

연 습

1. 본문을 읽고 질문에 대답하세요.

   1) 수미하고 수잔은 얼마만에 만났어요?
   2) 수미는 그 동안 뭐 하느라고 바빴어요?
   3) 수미는 수잔한테 가끔 전화를 했어요?
   4) 두 사람은 지금 어디로 가요?
   5) 오래간만에 만난 친구하고 다방에 가서 차를 마시고 싶어요. 어떻게 이야기할까요?

2. 그림을 보고 '보기'와 같이 하세요.

   ⟨보 기⟩

   A : 영진씨 어디 갔어요?
   B : 친구 만나러 갔나 봐요.

   1) A : 철민씨 졸아요?
      B : 네, 어제밤 늦게까지 _공부 했나 봐요_

   2) A : 바깥 날씨 어때요?
      B : 사람들이 얇은 옷을 입고 있어요.
      날씨가 좋은가 봐요

3) A : 저 사람 누구예요?
   B : 어머 인가 봐요.
       딸 인가 봐요

4) A : 철민씨가 오늘 계속 웃고 다니지요?
   B : 기분이 좋은가 봐요

5) A : 영찬씨가 요즘 안 보여요. 어디 갔어요?
   B : 휴가를 갔나 봐요

6) A : 극장에 사람들이 별로 없어요.
   B : 영화가 심심하나 봐요
       없는가 봐요

7) A : 수미씨는 오늘 일찍 집에 갔어요?
   B : 네, 아픈가 봐요.

8) A : 저 사람 키가 아주 커요.
   B : 전에 농구선수 했나봐요 .

9) A : 선영씨 어디에 갔어요?
   B : 식당에 갔나 봐요 .

10) A : 정희씨 살이 많이 빠졌지요?
    B : 테니스를 많이 했나 봐요 .

3. _____에 '-느라고'를 사용해 알맞은 말을 넣으세요.

1) A : 어제 왜 안 왔어요?
   B : 어제 자느라고 안 왔어요 .

2) A : 요즘 바쁜가 보지요?
   B : 마케팅을 하느라고 바빠요 .

3) A : 졸려요?
   B : 어제 늦게까지 일감을 하느라고 못잤어요 .

4) A : 벌써 용돈을 다 썼어요?
   B : 영화표 사느라고 용돈을 다 썼어요 .

느라고 = BECAUSE OF (DOING)

5) A : 어제 왜 전화 안 했어요?
   B : 회의 하느라고 바빴어요.

6) A : 아이들이 배가 많이 고팠나 봐요.
   B : 병원에 가느라고 식사를 못했어요.

7) A : 어제 병원에 가서 주사를 맞았어요.
   B : _____.

8) A : 미안해요.
   B : _____.

4. '보기'와 같이 대답해 보세요.

```
─────────⟨ 보 기 ⟩─────────

    A : 사과 있으면 2개만 주세요.
    B : 한 개도 없어요.
```

1) A : 수미한테 가끔 전화했어요?
   B : 수미한테 한 번도 못했어요.

2) A : 사진 많이 찍었어요?
   B : 사진 한 장도 못 찍었어요.

3) A : 남산타워에 가 본 적이 있어요?
   B : 한 번도 가 본 적 없어요.

4) A : 친구 많이 만났어요?
   B : 아니요 한 명도 안 만났어요.

5) A : 어떤 음식을 싫어해요?
   B : _____.

6) A : 제주도에 가 봤어요?
   B : _____.

9

7) A : 요즘 수미씨 만났어요?
   B : 아니오, 너무 바빠서 전화＿＿＿＿＿＿＿＿＿＿＿.

8) A : 친구랑 얘기 많이 했어요?
   B : 아니오, 시간이 없어서 같이 술도 한잔 못 마셨어요
   술 한잔도

5. '-(이)나'를 이용해 문장을 완성하세요.

   1) 오래간만에 만났는데, 커피나 한 잔 할까요?
   2) 영화를 보러 가고 싶은데 돈이 없어요.
   ＿＿＿＿＿＿＿＿＿＿＿＿＿＿＿＿＿＿＿＿＿＿＿＿＿＿＿
   3) 친구를 만나고 싶어서 친구 집에 전화했는데, 집에 없어요.
   ＿＿＿＿＿＿＿＿＿＿＿＿＿＿＿＿＿＿＿＿＿＿＿＿＿＿＿
   4) 밥 먹을 시간이 없어요.
   ＿＿＿＿＿＿＿＿＿＿＿＿＿＿＿＿＿＿＿＿＿＿＿＿＿＿＿
   5) 오늘 저녁에 만나서 ＿＿＿＿＿＿＿＿＿＿＿＿＿＿＿＿.
   6) 저는 커피 안 마셔요.
   ＿＿＿＿＿＿＿＿＿＿＿＿＿＿＿＿＿＿＿＿＿＿＿＿＿＿＿

6. 오랜만에 토마스하고 수잔이 만났어요.

토마스는 얼굴이 까맣게 탔어요. 바다에 갔다왔나 봐요.
수잔은 살이 많이 빠졌어요. 아팠나 봐요.
두 사람은 어떤 이야기를 할까요?

A. 토마스는 얼굴이 까맣게 탔어요. 바다에 갔다왔나 봐요.

T. 네 맞아요, 부산에 갔었어요. 현대 비치에서 놀았어요.
네 그래요,

S. 수잔은 살이 많이 빠졌어요, 아팠나 봐요.

R. (아니요) 운동 많이 해서 살이 빠졌어요 (아팠나 봐요)

? 두 사람은 어떤 이야기를 할까요?
음식이나

새단어

항상	always	いつも, 常に
싱글벙글	smilingly, brimming with joy	にこにこ
조용하다	be quiet, be silent, be still	静かだ
딸기	strawberries	いちご
심심하다	to have nothing to do, to have a dull time	退屈だ
자꾸	constantly, incessantly, continuously	しきりに, ひっきりなしに
하품(을) 하다	to yawn a yawn, to yawn	あくびする
땅	land, the earth, the ground	土, 土地
조개	clam, mussel	貝
껍데기	shell, outer layer	殻
부탁하다	to ask, to make a request	頼む
급히	in haste, hastily	急いで, はやく

싱글벙글 = SMILING

깜빡	before one knows it, before one can bat one's eyes	うっかり
잊어 버리다	to forget	忘れてしまう
정신(이) 없다	be distracted, be absent-minded, to have a poor memory	夢中だ(ものごとに気をとられる様子)
들다	to take(a thing) in one's hand, to lift(up), to carry	(手に)持つ
그랬다	I did	そうなった(理由, 結果)
뭐	what	何
교과서	textbook, schoolbook	教科書
얼마만에	how long since	どのくらいの間
졸다	to doze, to fall asleep	うとうとする
바깥	outside, the outdoors	外
얇다	be thin, lack thickness	薄い
살이 빠지다	to lose one's weight	やせる
졸리다	to grow sleepy, to feel drowsy	ねむたい
주사(를)맞다	to have an injection, to have a shot	注射を うたれる
타다	to be suntanned, to be browned by the sun	日燒けする

제 2 과 한국 생활이 힘들지 않아요?

수미 : 한국 생활이 힘들지 않아요?

수잔 : 아니오, 처음엔 음식 때문에 좀 고생했지만 이젠 괜찮아요.

수미 : 음식이 매워서 먹기 어려웠죠?

수잔 : 네, 그렇지만 지금은 김치도 잘 먹어요.

수미 : 가족이나 친구가 보고 싶지 않아요?

수잔 : 바쁠 때는 생각이 안 나요.

그런데 아프거나 힘들 때는 어머니 생각이 나요.

수미 : 집에 편지는 자주 보내요?

수잔 : 편지는 자주 안 보내요.

그 대신 한 달에 한두 번씩 전화해요.

새단어

생활	life, existence	生活
음식	food	食事(飮食)
때문에	because(of)	－の爲
고생하다	to have a hard time, to suffer from	苦勞する
－(이)나	or	－や, －とか
생각(이) 나다	come to mind, be reminded of	思い出す, 考えつく
－에	to	－へ
보내다	to send, to post	送る
대신(에)	instead of, in place of	代り(に)
－에	per	－に
한두	one or two	1, 2
－씩	each	－ずつ

기본문형

1. 때문에

때문에 "because of" can be added to any noun and expresses reason.

1) A : 한국에 와서 무엇 때문에 In Korea what did you have
   제일 고생했어요?   the hardest time doing?

B : 음식 때문에 제일 고생했어요.   I suffered most from the food.

2) A : 목이 아파요?
   B : 네, 담배 연기 때문에 목이 아파요.
3) A : 왜 일어서요?
   B : 저 사람 때문에 안 보여요.
4) A : 나 때문에 화 났어요?
   B : 수미씨 때문이 아니에요. 다른 일 때문이에요.

2. - (이)나

- (이)나 means "or", and we use this between nouns.

1) A : 가족이나 친구가 보고 싶지 않아요?   Don't you miss your family or friends?
   B : 보고 싶어요.   Yes, I miss them.
2) A : 무슨 꽃을 살까요?
   B : 장미꽃이나 국화꽃을 사요.
3) A : 연극 보러 언제 갈 거예요?
   B : 내일이나 모레 갈 거예요.
4) A : 일요일날 무슨 산에 갈까요?
   B : 북한산이나 도봉산이 어때요?
5) A : 시청까지 뭘 타고 갈 거예요?
   B : 지하철이나 버스를 타고 갈 거예요.
6) A : 연필이나 볼펜 있으면 좀 빌려 주세요.
   B : 여기 있어요.

3. - 거나

- 거나 means "or" and we use this expression between verbs or adjectives.

1) A : 언제 가족 생각이 나요?   When do you miss family?
   B : 아프거나 힘들 때 가족   I miss my family when I am
       생각이 나요.   sick or have a hard time.
2) A : 일요일날은 보통 뭘 해요?
   B : 그냥 집에서 쉬거나 친구 만나러 나가요.
3) A : 어떤 날씨를 좋아해요?
   B : 조금 흐리거나 비가 많이 오는 날씨를 좋아해요.
4) A : 빵 자주 먹어요?
   B : 아니오, 시간이 없거나 밥을 먹기 싫을 때 가끔 먹어요.
5) A : 술 많이 마셔요?
   B : 아니오, 기분이 아주 좋거나 아주 나쁠 때 가끔 마셔요.
6) A : 영진씨 왜 저렇게 화가 났어요?
   B : 아마 여자 친구하고 싸웠거나 부모님한테 혼났을 거예요. (ANGRY)

4. | －에 / 한테, －에서 / －한테서 |

    에게

－에 / 한테 can be added to any noun and expresses "to". When the noun is place we use －에, but in the case that the noun is person, use －한테. While －에서 / 한테서 can be added to any noun and means "from". When the noun is place, we use －에, but in the case that the noun is person, use －한테서.

집에 편지를 보냈어요.
친구한테 편지를 보냈어요.

부산에서 전화가 왔어요.
친구한테서 전화가 왔어요.

1) A : 집에 편지 자주 보내요?   Do you often write a letters
                                      to your family?
   B : 아니오, 가끔 보내요.   No, only sometimes.

2) A : 어제 제가 선생님댁에 전화했어요.
   B : 그래요? 나는 어제 하루종일 학교에 있었어요.

3) A : 도서관에 책 갖다 줬어요?
   B : 어제 수미한테 빌려 줬어요.
      그래서 아직 못 갖다 줬어요.

4) A : 영진씨, 편지 왔어요.
   B : 어디에서 온 건데요?

5) A : 어디에서 왔어요?
   B : 스웨덴에서 왔어요.

6) A : 선영씨, 부산에서 전화 왔어요.
   B : 부모님한테서 왔어요?
   A : 아니오, 친구한테서 왔어요.

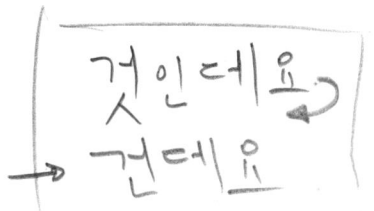

5. - 에

1) A : 집에 전화 자주 해요?   Do you often make a phone call to your family?
   B : 네, 일주일에 한 번쯤 해요.   Yes, I telephone them about one time per a week.

2) A : 커피 많이 마셔요?
   B : 아니오, 하루에 한두 잔 마셔요.

3) A : 여자 친구한테 매일 전화해요?
   B : 네, 하루에 한 번은 꼭 해요.

4) A : 영화 자주 봐요?
   B : 한 달에 한두 번은 봐요.

5) A : 국민학교 동창들 가끔 만나요?
   B : 네, 일 년에 한 번 만나요.

6) A : 여행 자주 가요?
   B : 바빠서 이삼 년에 한 번밖에 못 가요.

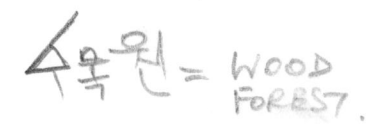

연 습

1. 본문을 읽고 대답하세요.

    1) 수잔은 한국에 와서 처음에 무엇 때문에 고생했어요?
    2) 지금도 고생하고 있어요?
    3) 수잔은 매일 가족 생각을 해요?
    4) 언제 어머니 생각이 나요?
    5) 집에 편지를 자주 보내요?
    6) 전화는 얼마나 자주 해요?

2. '보기'와 같이 하세요.

    ⟨보 기⟩

    A : 한국에 와서 처음에 뭐 때문에 고생했어요?

    B : 음식 때문에 고생했어요.

    1) A : 요즘 바빠요?
       B : 네, _손님을 많이 만나기 때문에_ 바빠요.
    ②) A : 아저씨, 왜 화 나셨어요?
       B : _T.V. 보기 때문에_ .
       아이들이 너무 말을 안 들어요.
    3) A : 안 보여요?
       B : 네, _안살람 때문에_ 안 보여요.
    4) A : 졸려요?
       B : 네, 어제 _숙제 때문에_ 못 잤어요.

5) A : 기분이 안 좋은 것 같아요.
   B : <u>비가 오기 때문에</u> 기분이 나빠요.

6) A : 선영씨도 일요일날 산에 같이 갈 거지요?
   B : 미안해요. 나는 <u>성당에 가기 때문에 못가요</u>.

3. 그림을 보고 '보기'와 같이 하세요.

명사 = NOUN

〈보 기〉

A : 무슨 꽃을 살까요?
B : 장미꽃하고 국화꽃을 사요.

A : 무슨 꽃을 살까요?
B : 장미꽃이나 국화꽃을 사요.

OR

1) 학교에 뭐 타고 와요?
   <u>버스나 택시 타고 와요</u>.

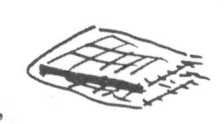

2) 뭐 사러 가요?
   <u>양말이나 수건 사러 가요</u>.

3) 내일 어디 갈 거예요?
   <u>도봉산이나 북한산 갈거예요</u>.
   도봉산 , 북한산

4)
누구 만나고 왔어요?
경신하고 수미 만나고 왔어요.

5)
뭐 드릴까요?
커피나 차 주세요.

6)
연필로 쓸까요?
펜이나 연필 쓰세요.

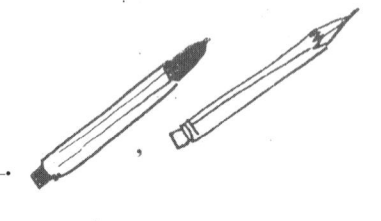

V...OR

4. '-거나'를 이용해 대답해 보세요.

1) 일요일날 집에서 뭐 해요?
   T.V를 보거나 잡니다.

2) 무슨 일이 있으면 기분이 좋아요?
   친구를 만나거나 쇼핑을 하면 기분이 좋아요.

3) 어떤 날씨를 좋아해요?
   쌀쌀하거나 보슬비 오는 날씨를 좋아해요.

4) 화가 날 때 어떻게 해요?
   화가 날 때 소리를 지르거나 연필을 던지거나 말을 안해요.

5) 길을 걸어가는데 저쪽에서 싫어하는 사람이 와요. 어떻게 하겠어요?
   SMILE 웃거나 계속 갑니다.

6) 여행을 갔는데 돈을 잃어 버렸어요. 어떻게 하겠어요?
   경찰에 신고하거나 돈을 찾아 봐요.

쌀쌀한 = CHILLY/COLD
보슬비 = DRIZZLE
간단하다

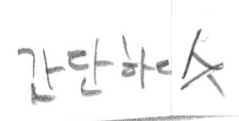

5. '- 에 / 한테'와 '- 에서 / 한테서'를 사용해 _____ 에 알맞는 말을 넣으세요.

   1) A : 집에_____ 편지 자주 보내요?
      B : 아니오, 가끔 보내요.
   2) A : 친구 한테_____ 편지 자주 써요?
      B : 아니오, 전화를 많이 해요.
   3) A : 어디에서_____ 온 엽서예요?
      B : 제주도에 여행 간 친구 한테_____ 온 거예요.
   4) A : 수미씨 한테_____ 책 갖다 줬어요?
      B : 네, 어제 갖다 줬어요. → 갖다주다 TO GIVE BACK
   5) A : 어제 영진씨 집에_____ 전화했어요?
      B : 아니오, 영진씨 한테서_____ 전화가 왔어요.
   6) A : 다음 주 월요일까지 사진 2장 가지고 오세요.
      B : 누구 한테_____ 내요? — 내다 = TO PRESENT TO, SEND IN, SUBMIT
      A : 사무실에_____ 내세요.

6. '보기'와 같이 대답하세요.

   ─────〈보 기〉─────
   A : 집에 전화 자주 해요?
   B : 네, 일주일에 한 번 해요.
   ─────────────────

   1) 커피 많이 마셔요?
      네, 매일 2잔 마셔요. (아뇨)
   2) 여행 자주 가요?
      아니요, 일년에 한 번 가요.
   3) 술 자주 마셔요?
      네, 일주일에 두번이나 세번 마셔요 (두세번)
   4) 담배 많이 피워요?
      아니요, 절대로 담배 안피워요.

5) 하루에 거울을 몇 번 봐요?
   한번도 안 봐요.

6) 일 주일에 몇 번 학교에 와요?
   일주일에 다섯 번 학교에 와요.

새단어

목	throat	のど
담배연기	cigarette smoke	タバコの煙
일어서다	to stand up	立ちあがる
화(가) 나다	to get angry, to become enraged	怒る
속(이) 상하다	to have hurt feelings	気分(気嫌)が悪い, 傷つく
마음에 들다	be to one's liking, be satisfactory	気に入る
준비	preparation, preliminary arrangements	準備
국화	chrysanthemum	菊の花
쉬다	to take a rest	休む
흐리다	be cloudy, overcast sky	曇る
싸우다	to fight, to have a quarrel, to struggle	けんかする
혼(이) 나다	to have a bitter experience, to have an awful time	ひどいめにあう
하루종일	all day long	一日じゅう
갖다 주다	to give back	持って行く
꼭	without fail, for sure	かならず
이삼 년	two or three years	二, 三年
말을 안 듣다	to not pay heed to	言うことを きかない
잃어 버리다	to lose, to miss	なくす
엽서	postal card, postcard	葉書
내다	to present, to send in, to submit	出す
사무실	office	事務室

(DEFINATELY — 꼭)

우연히 = ACCIDENTALLY, BY CHANCE

V.+면

제 3 과 | 이 옷에 어울리는 구두면 좋겠는데요

match

점 원: 어서 오세요. 어떤 구두를 찾으세요?
토마스: 글쎄요, 이 옷에 어울리는 구두면 좋겠는데요.
점 원: 그러면 이게 어떻습니까?
        까만 구두는 아무 옷에나 잘 맞으니까요.
토마스: 그건 별로 마음에 안 드는데요.
        그거말고 다른 거 없어요?

점 원: 그럼 이걸 한번 신어 보세요.
토마스: 좀 큰데요. 이것보다 작은 거 없어요?
점 원: 미안합니다. 이것보다 작은 건 지금 없는데요.
        내일 다시 한번 들러 주시겠습니까?
토마스: 그럼 그렇게 하죠.

이것+이 → 이게
그것+이 → 그게
저것+이 → 저거

이것+은 → 이건
그것+은 → 그건
저것+은 → 저건

이것+을 → 이걸
그것+을 → 그걸
저것+을 → 저걸

23

새단어

찾다	to look for	さがす
어울리다	to be suitable for, to match well	似合う, 合う
-면 좋겠다	I will like that as long as	-たら(なら)いい
아무 -(이)나	anything that	どんな-でも
맞다	be fit, suit	合う
마음에 들다	be to one's liking, be satisfactory	気に入る
-말고	not that	-でなく
들르다	to drop by	寄る

기본문형

1. -면 좋겠다

This expression is followed by the basic form or the past form of the verbs, adjectives or nouns. And it implies the subject's wish. In conversation, using the past form is natural even if the meaning of the sentence does not express the situation of the past tense.

1) A : 어떤 구두를 찾으세요?   What kinds of shoes are you looking for?
   B : 이 옷에 잘 어울리는 구두면(구두였으면) 좋겠어요.   Any kind as long as they're suitable for these clothes.

2) A : 수미가 이 선물 좋아할까요?
   B : 받고 기뻐하면(기뻐했으면) 좋겠어요.

3) A : 내일 날씨 어떨까요?
   B : 글쎄요. 따뜻하면(따뜻했으면) 좋겠어요.

4) A : 이따가 영화 보러 같이 갈래요?
   B : 같이 가면(갔으면) 좋겠는데, 딴 약속이 있어요.

① MR김이 부산에 출장을 갑니다.
③ 그러면 좋겠어요.
→ MR김이 부산에 출장을 가면 좋겠어요.

5) A : 수미씨, 피곤해 보이는데요.
   B : 네, 피곤해요.
       그래서 내일이 휴일이면(휴일이었으면) 좋겠어요.
6) A : 가게에 우유 사러 가는데, 뭐 부탁할 거 없어요?
   B : 비누 좀 사다 주면 좋겠는데요.
             (했으면)

2. | 아무 - (이)나 |

'아무 noun + -(이)나' expresses "all of the 'noun'".

1) A : 아기가 뭘 잘 먹어요?   What does your baby like to eat?
      = 무엇을
   B : 아무 것이나 잘 먹어요.   My baby eats anything well.
2) A : 어디 갈까요?
   B : 아무 데나 가요.   = 곳이나
3) A : 언제 만날까요?
   B : 아무 때나 괜찮아요.   TO FORGIVE = 용서하다
4) A : 커피 드릴까요, 홍차 드릴까요?
   B : 아무 거나 주세요.   = 것이나
5) A : 이 책 수미한테 줄까요, 영진이한테 줄까요?
   B : 아무한테나 주세요.   = 곳에서나
6) A : 철민씨, 아무 데서나 담배를 피우면 안 돼요.
   B : 미안해요. 깜빡 잊어 버렸어요.

3. | -(으)니까요 |

This expression is used when the speaker excuses himself for doing something or when it tells the reason for the former sentence which expressed his opinion.

부산에 출장을 가는 사람이 MR김이면 좋겠어요.

1) A : 저게 더 좋은데 왜 이걸 　　Why did you buy this? I think
　　　샀어요?　　　　　　　　　　　　　　　　that is better.
　　B : 싸니까요.　　　　　　　　　Because it's cheaper.
2) A : 이번 휴가 때 산으로 갈까요, 바다로 갈까요?
　　B : 산으로 가는 게 좋겠어요.
　　　바다에는 사람이 너무 많으니까요.
3) A : 어느 책을 살 거예요?
　　B : 이 책을 살 거예요.
　　　이 책에는 설명이 있으니까요.
4) A : 내일까지 이 일을 다 할 수 있을까요?
　　B : 아마 할 수 있을 거예요.
　　　모두 열심히 하고 있으니까요.
5) A : 어느 팀이 이길까요?
　　B : 우리 팀이 이길 거예요.
　　　겨울 내내 열심히 연습했으니까요.
6) A : 영진씨는 아직도 바쁜가 보죠?
　　　요즘은 전화도 안 해요.
　　B : 곧 연락이 올 거예요.
　　　이제 좀 한가해졌으니까요.

4. | - 말고 |

- 말고 is used in the imperative or proposition. It is followed by a noun and means "not(the noun)".

1) A : 이거 드릴까요?　　　　　　　Is this what you want?
　　B : 아니오, 그거말고 그 옆에　　No, not that, the one next to
　　　있는 거 주세요.　　　　　　　　　　　　　　that.
2) A : 커피 마실래요?
　　B : 아니오, 커피말고 쥬스 주세요.
3) A : 서울극장에 갈까요?
　　B : 서울극장말고 대한극장에 가요.

4) A : 다방에 가서 이야기해요.
   B : 나는 오늘 술 마시고 싶어요.
       다방말고 술집에 가요.
5) A : 어제 산에 여자도 많이 왔어요?
   B : 아니오, 한 명밖에 안 왔어요.
   A : 누가 왔는데요?
   B : 이름은 잘 모르겠는데 머리 긴 여자요.
   A : 아, 수미씨요?
   B : 아니오, 수미씨말고 키 큰 여자요.
   A : 아, 정희씨요.

5. ─ 보다

─ 보다 "than" comes after a noun and expresses comparison.

1) A : 바다 좋아해요?
   B : 네, 그렇지만 바다보다 산을 더 좋아해요.
2) A : 토마스씨 키 커요?
   B : 네, 나보다 훨씬 커요.
3) A : 제주도도 겨울에 추워요?
   B : 네, 추워요.
       그렇지만 서울보다는 덜 추워요.
4) A : 한국말은 문법이 너무 어려워요.
   B : 그래요? 나는 문법보다 발음이 더 어려운데요.
5) A : 수미씨, 운동 좋아해요?
   B : 네, 좋아해요.
       그렇지만 하는 것보다 보는 걸 더 좋아해요.
6) A : 회사일이 힘들지 않아요?
   B : 회사일보다 아침에 출근하는 게 더 힘들어요.

6. | 입다, 신다, 쓰다, 매다, 차다, 하다, 끼다 / 벗다, 풀다, 빼다 |

엘버트씨는 오늘 좋은 일이 있는 것 같아요.
까만 양복을 입고 모자를 썼어요.
그리고 빨간 넥타이를 매고 까만 구두를 신었어요.
팔에는 반짝반짝하는 시계를 차고, 손에는 하얀 장갑을 꼈어요.
아주 멋있어요.

연 습

1. 본문을 읽고 다음 질문에 대답하세요.

   1) 토마스는 어떤 구두를 사고 싶었어요?

   2) 점원은 왜 까만 구두를 권했습니까?

   3) 토마스는 점원이 처음에 권한 구두가 마음에 들었습니까?

   4) 토마스가 신어 본 구두는 발에 딱 맞았어요?

   5) 토마스 발에 맞는 구두가 가게에 있었습니까?

   6) 그래서 어떻게 하기로 했습니까?

2. '보기'와 같이 하세요.

   ─────────⟨ 보 기 ⟩─────────
   날씨가 너무 좋아요. 놀러 갔으면 좋겠어요.

1) 친구한테 줄 선물이에요.
   친구가 <u>선물을 받아주면 좋겠어요</u>.
2) 우리는 내일 설악산에 놀러 가요.
   영진씨도 <u>설악산에 놀러 가면 좋겠어요</u>.
3) 수미 언니는 동생들한테 잘 해 줘요.
   우리 언니도 <u>동생들한테 잘 해주면 좋겠어요</u>.
4) 음식이 짜요.
   좀 <u>싱거우면 좋겠어요</u>. (싱겁다 = NOT SALTY ENOUGH)
5) 바지가 좀 길어요.
   길이가 <u>조금 짧으면 좋겠어요</u>.
6) 선영씨는 아주 날씬해요.
   나도 <u>날씬하면 좋겠어요</u>.
7) 피곤해요.
   내일이 <u>휴일이면 좋겠어요</u>.
8) 너무 더워요.
   <u>A.C 있으면 좋겠어요</u>.

3. '보기'와 같이 하세요.

〈 보 기 〉

A : 영진씨는 어떤 운동을 잘 해요?

B : <u>아무 운동이나 잘 해요.</u>

---

1) A : 어디 갈까요?
   B : <u>아무데나 가요.</u>
2) A : 누구한테 얘기할까요?
   B : <u>아무한테나 얘기해요.</u>

3) A : 무슨 영화를 볼까요?
   B : 아무거나 봐요.

4) A : 언제 전화할까요?
   B : 아무때나 해요.

5) A : 어느 걸 살까요?
   B : 아무거나 사요.

6) A : 커피 드릴까요, 홍차 드릴까요?
   B : 아무거나 주세요.

7) A : 선생님, 저 이거 먹을게요.
   B : 선영씨는 환자예요.
   그래서 아무거나 먹으면 안되요.

8) A : 요즘 우리 아이가 나쁜 친구들하고 사귀는 것 같아요.
   B : 그래요?
   _____

4. 왜 그렇게 생각해요? 이유를 말해 보세요.

1) A : 선물 사러 언제 갈까요?
   B : 토요일날 가요.
   _____

2) A : 언제 결혼할 거예요?
   B : 가을에 할 거예요.
   _____

3) A : 누가 이길까요?
   B : 저 선수가 이길 거예요.
   _____

4) A : 이걸 살 거예요, 저걸 살 거예요?
   B : 이걸 살 거예요.
   _____

5) A : 이 인형 잘 팔릴까요?
   B : 네, 잘 팔릴 거예요.
   _____

6) A : 야구 보러 갈 거예요?
   B : 네, 꼭 갈 거예요.
   _____.

5. 마음에 안 들어요. 어떻게 말할까요?

   ┌─────────────〈보 기〉─────────────┐
   │   │
   │   A : 다방에 갈까요?   │
   │   B : 다방말고 술집에 가요.   │
   │   │
   └──────────────────────────────────┘

   1) A : 저거 살까요?
      B : 저거 말고 이것 사요.
   2) A : 우리 개 길러요.
      B : 우리 개 말고 친구개 길러요.
   3) A : 여기 앉을까요?
      B : 여기 말고 저기 앉아요.
   4) A : 할아버지, 저 부르셨어요?
      B : 그래. / 아니다 말고 피터 불렀어(요).
   5) A : 토요일날 만날까요?
      B : 토요일 말고 화요일날 만나요.
   6) A : 커피 드릴까요?
      B : 커피 말고 녹차 주세요.

6. '-보다'를 이용해 문장의 _____에 알맞은 말을 넣으세요.

   1) A : 바다하고 산 중에서 어디를 더 좋아해요?
      B : 산 보다 바다가 더 좋아요.
   2) A : 동생하고 수미씨하고 누가 더 부지런해요?
      B : 수미씨 보다 동생이 더 부지런해요.

3) A : 어제 부산에도 비가 많이 왔어요?
   B : 서울보다 부산에 비가 많이 왔어요.
   (어제)

4) A : 나는 한국 음식 중에서 불고기를 제일 좋아해요.
   B : _____.

5) A : 감기 걸려서 약을 먹었어요.
   B : 감기 걸렸을 때는 _____.

6) A : 비가 많이 와요.
   B : 이런 날은 _____.

새단어

기뻐하다	to be pleased with, to take delight in	喜ぶ
이따가	a little later, after a while, after a short time	あとで
딴	different, another, the other	別の
부탁하다	to ask, to make a request	たのむ
데	place, point, spot	場合, 時
깜빡	before one knows it, before an eye's wink	うっかり
휴가	vacation, time off	休暇
설명	explanation	說明
내내	all the time, from beginning to end	ずっと, －じゅう
연락이 오다	to have connection with, be in touch with	連絡が來る
한가해지다	to become to have leisure, to have spare time	ひまになる
출근하다	to attend one's office, to go to work, go on duty	出勤する
매다	to tie, to bind, to fasten	結ぶ, しばる
차다	to put on, to carry, to attach	つける, さげる
하다	to wear	する
끼다	to put on, to wear	はめる

풀다	to untie, to unbind, to unpack	解く, はずす
빼다	to pull out, to extract, to pluck out	はずす
반짝반짝하다	to glitter, to gleam, to sparkle	ぴかぴかする
권하다	to advise, to persuade, to recommend, to offer	勧める
딱 맞다	fit like a glove, fit perfectly	ぴったりする, ちょうど合う
잘 해 주다	to be good to a person, treat well	親切だ
날씬하다	be slender, be slim, be thin	やせている
환자	patient, sufferer	患者
사귀다	to get acquainted with, to make friends with	つき合う
꼭	without fail, for sure	かならず
기르다	to bring up, to breed	育てる
부지런하다	be diligent, be industrious, be assiduous	まじめだ, 勤勉だ
낫다	be better(than), be superior(to)	よい, ましだ

기르다 = TO BRING UP / TAKE CARE OF   길러요

제 4 과 　한국에 온 지 얼마나 됐어요?

영　진 : 한국에 온 지 얼마나 됐어요?

앨버트 : 벌써 6개월이나 됐어요.

　　　　그런데 한국어 실력이 늘지 않아서 걱정이에요.

영　진 : 많이 늘었는데요, 뭐.

앨버트 : 그래도 로버트씨는 나보다 6개월 빨리 왔는데 말하는 걸 보면 한국 사람 같아요.

영　진 : 로버트씨는 한국에 오기 전에 좀 배우고 와서 그럴 거예요.
앨버트씨도 곧 잘하게 될 거예요.
걱정하지 마세요.
앨버트 : 영진씨하고 자주 만나서 얘기했으면 좋겠어요.
영　진 : 그래요, 자주 만나서 얘기해요.
그리고 모르는 게 있으면 언제든지 물어 보세요.

새단어

-(으)ㄴ지	since	-(し)てから
얼마나	how long	どの位, どんなに
-(이)나	as(many, much, long) as	-も
실력	ability, capability	實力
늘다	to improve, to make progress	伸びる
걱정	worry, anxiety	心配
뭐	but, but anyway	何
같다	it seems that	-らしい, ようだ
-게 되다	to become to do, come to be	-になる
-든지	no matter(what, who, when, etc).	-でも
언제든지	anytime, whenever	いつでも

기본문형

1. | -(으)ㄴ지 | since |

-(으)ㄴ지 means "since", so it is always preceded by words which mean '시간이 지나다(time has passed)'.

1) 한국에 온 지 얼마나 되었어요? How long have you been in Korea?
   1년 되었어요. It's been one year.
2) 결혼한 지 얼마나 되었어요?
   3달 되었어요.
3) 수미씨 자주 만나요?
   아니오, 만난 지 오래 됐어요.
4) 영진이 금방 나갔어요?
   아니오, 나간 지 한참 됐어요.
5) 배 고파요?
   네, 밥 먹은 지 2시간밖에 안 됐는데 또 배가 고파요.

6) 그 회사에 다닌 지 얼마나 됐어요?
   10년 지났어요.

2. | -(이)나 | as many as, as much as, as long as |

-(이)나 comes after a noun, and expresses that the number or quantity of the preceding noun is great.

우리 집에는 고양이가 3마리나 있어요.   There are as many as three cats in my house.
어제는 피곤해서 12시간이나 잤어요.
영화가 재미있어서 5번이나 봤어요.
어제는 돈을 10만 원이나 썼어요.
선영씨는 하루에 커피를 10잔이나 마셔요.
생일날 장미를 25송이나 받았어요.

3. | 같아요 | it seems that, it seems like |

같아요 comes after a noun and expresses the similarity of the subject to the noun preceding by 같아요.

1) 영진씨는 노래를 아주 잘해요. 가수 같아요.   Young-jin sings very well. It seems like he's a singer.
2) 철민씨하고 명호씨는 닮았어요. 형제 같아요.
3) 수미씨는 마음이 착해서 천사 같아요.
4) 오후 3시예요. 그런데 구름이 많이 껴서 밤 같아요.
5) 저기 오는 사람 수미씨 같은데요.
6) 키위는 멀리서 보면 감자 같아요.

4.

- 게 되다	to become, to become to do something

- 게 되다 comes after a verb stem and expresses a change in a situation or result which was not caused by the speaker's will.

지금 출발하면 3시쯤 도착하게 될 거예요.　　If we start now, we will arrive there at about three o'clock.

다음 달쯤 이사가게 될 것 같아요.
태어난 지 5개월쯤 지나면 이가 나게 될 거예요.
영진씨가 오려고 했는데 일이 생겨서 제가 오게 되었어요.
팔을 다쳐서 농구를 못하게 되었어요.
전에는 고생했지만 이제 잘 살게 되었어요.

5. - 든지

'-(이)든지' comes after a wh-word(what, where when, who) or how and means 'every(thing, where, time, one, way)'

1) 하고 싶은 말이 있으면 무엇이든지 말하세요.　　Please say whatever you want to.
2) 영진씨는 뭐든지 잘 먹어요.
3) 가고 싶은 데가 있으면 말하세요.
   어디든지 데리고 갈게요.
4) 만나고 싶으면 언제든지 전화하세요.
5) 수미씨는 아직도 안 왔지요?
   언제든지 늦게 와요.
6) 아리랑은 아주 유명한 민요예요.
   그래서 한국 사람은 누구든지 다 부를 수 있어요.
7) 선영씨는 아주 착해요.
   그래서 누구든지 선영씨를 좋아해요.

8) 고향에 갈 기차표를 못 샀어요.
   어떻게든지 좀 구해 주세요.

연 습

1. 본문을 읽고 대답하세요.

   1) 앨버트는 한국에 온 지 얼마나 됐어요?
      벌써 6개월이나 됐어요

   2) 앨버트는 요즘 뭐 때문에 걱정하고 있어요? (하고 있어요)
      한국어 실력이 늘지 않아서 걱정이에요

   3) 로버트씨는 한국에 온 지 얼마나 됐어요?
      앨버트보다 6개월 한국에 왔어요   것을 = 걸

   4) 로버트씨는 한국말이 서툴어요?
      아니요 말하는 걸 보면 한국 사람 같아요

   5) 로버트씨는 왜 그렇게 한국말을 잘해요?
      한국에 오기 전에 좀 배우고 와서 그럴 거에요

2. 밑줄 ____ 에 알맞은 말을 넣으세요.   밑줄 = UNDERLINE

   1) A : 한국에 온 지 얼마나 되었어요?
      B : 6개월 됐어요.

   2) A : 한국말을 배운 지 얼마나 되었어요?
      B : 일년 되었어요

   3) A : 밥을 먹은 지 얼마나 되었어요?
      B : 어려 오래 밥을 먹은 지 되었어요

   4) A : 이 책을 얼마나 읽지 되었어요?
      B : 사흘 됐어요.

5) A : __이 의자 안 지 얼마나 됐어요__?
   B : 한참 되었어요.
6) A : __일한 지 얼마나 되었어요__?
   B : 오래 됐어요.

FOR SOME TIME

3. '-(이)나'와 '-밖에'를 이용해 _____에 알맞은 말을 넣으세요.

   1) A : 식구가 많아요?
      B : 부모님하고 저 __밖에__ 없어요.
   2) A : 저 영화 봤어요?
      B : 네, 재미있어서 3번 __이나__ 봤어요.
   3) A : 어제 술 많이 마셨어요?
      B : 아니오, 맥주 두 잔 __밖에__ 안 마셨어요.
   4) A : 집에 손님 많이 왔어요?
      B : 네, 12명 __이나__ 왔어요.
   5) A : 한국말 잘 해요?
      B : 아니오, 인사말 __밖에 못해요__.
   6) A : 수미씨, 생일날 꽃 받았어요?
      B : 네, 23송이 __이나 받았어요__.

4. 뭐 같아요? _____에 알맞은 말을 넣으세요.

   1) 영진씨는 아주 잘 생겼어요. __박찬호 같아요__.
   2) 수미하고 선영이는 닮았어요. __자매 같아요__.
   3) 저 바위는 멀리서 보면 __사자 같아요__.
   4) 저기 앉아 있는 사람 __부처 같아요__.
   5) 선영이는 나하고 나이가 같지만 __언니 같아요__.
   6) 밥이 질어서 __죽 같아요__.

5. '-게 되다'를 이용해 _____에 알맞은 말을 넣으세요.

   1) A : 부산에 몇 시쯤 도착할까요?
      B : 3시쯤 __도착하게 될 거예요__.

> 상기 시켜주세요
> PLEASE REMIND ME

2) A : 회의에 누가 갈 거예요?
   B : 아마 영진씨가 _가게 될거예요_ .
3) A : 철민씨는 왜 축구 안 해요?
   B : 발을 삐어서 당분간 _못 하게 될거예요_ .
4) A : 이 가위 못 써요? CAN ᄂ
   B : 네, 조금 전에 내가 밟아서 _못 쓰게 됐어요_ .
5) A : 요즘도 아침에 수영하러 다녀요?
   B : 아니오, 출근 시간이 빨라져서 _수영 못 하게 되었어요_ .
6) A : 얼마나 배우면 테니스를 잘 칠 수 있을까요?
   B : 3달쯤 배우면 _칠 수 게 될거예요_ .

6. '-든지'를 사용해서 '보기'와 같이 하세요.

〈보 기〉

A : 무슨 음식을 좋아하세요?
B : 뭐든지 잘 먹어요.

---

1) A : 아리랑 노래 알아요?
   B : 그럼요, 한국 사람이면 _누구든지 알아요_ .
2) A : 몇 시쯤 찾아가면 될까요?
   B : 오늘은 하루종일 집에 있을 거예요.
      그러니까 _언제든지 괜찮아요_ .
3) A : 극장표를 못 샀는데 어떻게 하지요?
   B : 제가 _어떻게든지_ 구해 볼게요.
4) A : 운동 잘해요?
   B : 네, 운동은 _뭐든지 잘해요_ .

5) A : 새가 되고 싶어요.
B : 왜요?
A : 새는 <u>어디든지 갈수있잖아요</u>.
6) A : <u>누구든지</u> 연극을 하고 싶은 사람은 다 참가할 수 있어요.
B : 그럼 저도 해 보겠어요.

새단어

한참	for a time, for a while	しばらく, ずいぶん
천사	angel	天使
구름이 끼다	it's cloudy	雲が出る, 曇る
키위	kiwi	キーウィ
이사가다	to move	引越しする
다치다	to get hurt, to hurt oneself, to be injured	けがをする, 痛める
고생하다	to have a hard time, to suffer hardships	苦労する
뭐든지	whatever	何でも
어디든지	wherever	どこでも
누구든지	whoever	誰でも
어떻게든지	however	どうにかして
서툴다	be unskillful, be inexpert, be clumsy	下手だ, ぎこちない
사흘	three days	三日
식구	family	家族
닮다	be alike, be similar to, resemble	似る
바위	rock, crag	岩, 石
(밥이) 질다	be soft, be mushy, be watery(the rice has come out too mushy)	水っぽい, 軟らかすぎる
삐다	to sprain, to wrench, to twist	挫く, 關節がはずれ間
당분간	for the time being, for the present, for some time to come	当分の間

밟다	to step on, to trample on, to tread on	踏む
구하다	to get, to buy, to obtain	買う, 求める
참가하다	to participate, to join in, to take part in	参加する

제 5 과　복습 I

1. 옆에 있는 사람하고 각각 토마스씨하고 미나미씨가 되어 이야기해 보세요.

　　토마스씨는 6개월 전에 독일에서 한국에 왔어요. 처음 한국에 왔을 때는 말도 안 통하고 음식도 안 맞아서 고생을 많이 했어요. 그렇지만 지금은 어느 정도 한국말도 할 수 있고, 매운 음식도 먹을 수 있어요. 토마스씨는 좋은 친구도 많이 사귀어서 아주 재미있게 한국 생활을 하고 있어요. 그렇지만 가끔 쓸쓸해질 때가 있어요. 부모님한테서 편지가 오거나 몸이 아플 때는 빨리 독일에 돌아가고 싶어져요.

　　미나미씨는 4달 전에 일본에서 한국에 왔어요. 한국에 오기 전에 혼자서 한국말을 조금 공부했어요. 미나미씨는 한국에 올 때 별로 걱정을 안 했어요. 왜냐하면 한국하고 일본은 가깝고 사람들도 비슷하게 생겼기 때문이에요. 그렇지만 미나미씨도 토마스씨하고 마찬가지로 음식 때문에 고생을 많이 했어요. 미나미씨는 아직도 매운 음식은 못 먹어요. 며칠 전에도 매운 김치찌개를 먹고 배탈이 나서 고생했어요. 그렇지만 미나미씨는 집에 자주 전화를 할 수 있어서 좋아요. 보통 1주일에 한 번씩 집에 전화를 해요. 그렇기 때문에 아직 한국에 혼자 있는 것을 잘 못 느껴요.

2. 자신이 좋아하는 옷의 종류와 모양, 색깔에 대해서 서로 이야기해 보세요.

3. 그림을 보고 대화를 만들어 보세요.

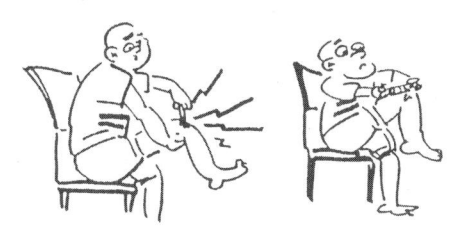

거려서 갑자기 돌 TRIP에 조라졌어서 많이 아파서 약국에가서

길을 갑니다   돌에 걸렸습니다   #가났어요
           넘어졌습니다   집에 가죠   물로깨끗이 씻었어요

약을 사서

그림을 하고 ~었어요.   어마 애기 보고 "잘 냇다고 냈어요"

연고 = CREAME   바르다 (RUB)
반창고 = BANDAGE   붙이다 (붙였어요)

제 6 과 　내일이 친구 생일이라서 선물 좀 살까 해서요

소영 : 영진씨, 여기 웬일이세요?

　　　뭐 사러 왔어요?

영진 : 내일이 친구 생일이라서 선물 좀 살까 해서요.

　　　그런데 소영씨는 뭘 그렇게 많이 샀어요?

소영 : 내일 친구들이 집에 놀러 오거든요.

　　　그래서 음식 좀 만들려고 이것저것 샀어요.

　　　그런데 영진씨는 아직 안 샀나 봐요.

영진 : 여자 친구한테 생일 선물을 주려고 하는데 뭘 주면 좋겠어요?

　　　소영씨라면 남편한테서 어떤 선물을 받고 싶어요?

소영 : 글쎄요, 생각이 잘 안 나는데요.

새단어

웬일이세요?	Imagine seeing(meeting) you here.	何の用(どうしたん)ですか
-(이)라서	because	-ので
-(으)ㄹ까 하다	to have an intention to do something	-(し)ようとする
-거든요	it's because	-からです
-(으)려고	to do something, to have an intention to do something	-ようと
-(이)라면	if	-なら
남편	husband	夫
생각이 나다	to come to mind, to occur to one's mind	思いつく

기본문형

1. 의문사의 초점

The meaning of a wh-question changes by the intonation of the sentence ending. In the case of a wh-question, if there is low intonation at the end of the question, it's a question for the wh-word. While we raise the end of a sentence when we want to ask about the verb of the sentence. Each of the following two sentences has different answer by the intonation of the sentence ending.

뭐 사러 왔어요?
ー생일 선물 사러 왔어요.
뭐 사러 왔어요?
ー네, 선물 좀 살까 해서 왔어요.

1) A : 뭐 사러 왔어요?   Are you here to buy something?

    B : 네, 내일이 친구 생일이라서 Yes. Tomorrow is my friend's 선물 좀 살까 해서요.   birthday, so I want to buy a gift for my friend.

2) A : 어디 가요?
    B : 네, 시장에 좀 가요.
3) A : 어제 누구 만났어요?
    B : 네, 그래서 늦게 왔어요.
4) A : 어디서 전화왔어요?
    B : 네, 그런데 잘못 걸린 전화예요.
5) A : 무슨 소리 들었어요?
    B : 네, 무슨 소리가 났어요.
6) A : 뭐 먹을래요?
    B : 네, 뭐 좀 먹어요.

2. | -(이)라서 |

-(이)라서 comes after a noun and expresses the reason of something.

1) A : 뭐 사러 왔어요?   Are you here to buy something?
    B : 내일이 친구 생일이라서   Tomorrow is my friend's 선물좀 살까 해서요.   birthday, so I came here to buy a gift.

2) A : 어제 왜 전화 안 했어요?
    B : 밤이라서 전화 못했어요.
3) A : 왜 이렇게 사람이 많죠?
    B : 세일 기간이라서 사람이 많은 것 같아요.
4) A : 내일 수업 없어요?
    B : 석가탄신일이라서 수업 안 해요.

5) A : 버스 안에 사람이 너무 많죠?

   B : 네, 출근 시간이라서 꽤 붐비네요.

6) A : 저 아이 정말 개구쟁이예요.

   B : 남자아이라서 그래요.

3. -(으)ㄹ까 하다

-(으)ㄹ까 하다 comes after a verb and expresses a plan or a supposition of the action which will occur.

1) A : 어디 놀러 가세요?

   B : 해운대에 갈까 해요.

   Where are you going on your trip?
   I'm planning to go Haeundae.

2) A : 뭐 살 거예요?

   B : 소설책이나 살까 해요.

3) A : 뭐 먹으러 갈 거예요?

   B : 냉면이나 먹을까 해요.

4) A : 뭐 타고 갈 거예요?

   B : 기차를 탈까 해요.

5) A : 뭐 할거예요?

   B : 영화나 한 편 볼까 해요.

6) A : 내일 뭐 할 거예요?

   B : 집에서 잠이나 잘까 해요.

4. -거든요

-거든요 is a sentence ending which expresses reason.

1) A : 그런데 소영씨는 뭘 그렇게 많이 샀어요?

   But why did you buy so much?

B : 내일 친구들이 집에　　　　　It's because my friends are
　　　　　 놀러 오거든요.　　　　　　　　coming over tomorrow.

2) A : 내일 왜 대사관에 가요?
　　 B : 비자 연장을 해야 하거든요.   *EXTEND*

3) A : 지금 길이 막힐까요?
　　 B : 아마 막힐 거예요. 곧 퇴근시간이거든요.

4) A : 오늘은 기분이 좋으신 거 같아요.
　　 B : 어제 집에서 푹 쉬었거든요.

5) A : 도서관에 가세요?
　　 B : 네, 내일 시험이 있거든요.

6) A : 왜 늦었어요?
　　 B : 늦잠을 잤거든요.

5. ─(으)려고   *So that*

─(으)려고 comes after an active verb and expresses the intention of the subject.

1) A : 그런데 소영씨는 뭘 그렇게　　　But So-young, why did you
　　　 많이 샀어요?　　　　　　　　　　 buy so much?
　　 B : 음식 좀 만들려고 이것저것　　 I bought this and that so
　　　 샀어요.　　　　　　　　　　　　I can prepare some dishes.

2) A : 오늘 저녁에 뭐 하실 거예요?
　　 B : 퇴근 후에 친구들하고 한 잔 하려고 해요.

3) A : 레코드 샀어요?
　　 B : 네, 집에서 들어 보려고 하나 샀어요.

4) A : 왜 문을 열었어요?
　　 B : 청소를 하려고 잠시 문을 열었어요.

5) A : 왜 동전을 바꿨어요?
　　 B : 전화를 걸려고요.

6) A : 왜 벌써 집에 가요?
   B : 몸이 아파서 좀 쉬려고요.

6. - (이)라면

   -(이)라면 comes after a noun and expresses a supposition.

   1) A : 소영씨라면 남편한테 어떤 선물을 받고 싶어요?   If it is your case So-young, what kind of gift would you want from your husband?
      B : 갑자기 물어 보니까 생각이 잘 안 나는데요.   Well, I can't think of anything right at the moment.
   2) A : 저 사람 정희씨 동생 아니에요?
      B : 정희씨 동생이라면 가서 이야기 합시다.
   3) A : 오늘 저녁에 시간 있으세?
      B : 내일 저녁이라면 괜찮지만 오늘은 안 되겠는데요.
   4) A : 어떤 꽃 좋아하세요?
      B : 꽃이라면 다 좋아해요.
   5) A : 어디 가서 차나 한잔 할까요?
      B : 가까운 데라면 괜찮지만 먼 데는 안 돼요.
   6) A : 뭐 먹을까요?
      B : 한식이라면 아무거나 괜찮아요.

연 습

1. 본문을 읽고 다음 질문에 대답하세요.

   1) 영진씨는 뭐 사러 왔어요?

   2) 소영씨는 뭘 그렇게 많이 샀어요?

3) 그런데 영진씨는 왜 아직 안 샀어요?

4) 여러분이라면 남편(아내)한테 어떤 선물을 받고 싶어요?

2. 대답해 보세요.

1) A : 뭐 사러 왔어요?
   B : 네, <u>친구 생일선물 사러왔어요</u>.
2) A : 어디 가요?
   B : 네, <u>집에 가요</u>.
3) A : 어제 누구 만났어요?
   B : 네, <u>동생을 만났어요</u>.
4) A : 어디서 전화왔어요?
   B : 네, <u>사무실에서 전화 왔어요</u>.
5) A : 뭐 받았어요?
   B : 네, <u>시계 받았어요</u>.

3. B의 문장을 한 문장으로 바꿔 말하세요.

1) A : 뭐 사러 왔어요?
   B : 내일이 친구 생일이에요. 그래서 선물 좀 살까 해서요.
2) A : 어제 밤에 왜 전화 안 했어요?
   B : 밤이었어요. 그래서 전화 못 했어요.
3) A : 왜 이렇게 사람이 많죠?
   B : 세일 기간이에요. 그래서 사람이 많은 것 같아요.
4) A : 내일 수업 없어요?
   B : 석가탄신일이에요. 그래서 수업 안 해요.
5) A : 이 갈비탕 왜 이렇게 맛이 없죠?
   B : 이건 인스턴트 식품이에요. 그래서 맛이 없어요.
6) A : 버스 안에 사람이 너무 많죠?
   B : 네, 지금 출근 시간이에요. 그래서 꽤 붐비네요.
   BUSY/CROWDED

4. 아직 확실하게 결정하지 못했어요.
   그림을 보고 계획을 말해 보세요.

1) A : 어디 놀러 가세요?
   B : 해운대 갈까 해요.

2) A : 뭐 살 거예요?
   B : 책을 살까 해요.

3) A : 뭐 먹으러 갈 거예요?
   B : 냉면을 먹으러 갈까 해요.

4) A : 뭐 타고 갈 거예요?
   B : 기차를 타고 갈까 해요.

5) A : 뭐 신을 거예요?
   B : 스포츠 슈즈를 신을까 해요.

5. 이유를 말해 보세요.

1) A : 그런데 소영씨는 뭘 그렇게 많이 샀어요?
   B : 친구 생일이거든요.

2) A : 내일 왜 대사관에 가요?
   B : 여권을 받아야 하거든요.

3) A : 지금 길이 막힐까요?
   B : 아마 막힐 거예요. 퇴근 시간이거든요.

4) A : 오늘은 기분이 좋으신 거 같아요.
   B : 예 남선생님이 늦게 왔거든요!

5) A : 배가 고프세요?
   B : 네 아침 식사 아직 안먹었거든요

6) A : 왜 늦었어요?
   B : 길이 막혔거든요

6. '- 려고 하다'를 사용해 대답하세요.

LIKE THAT

선물하다 = TO GIVE A GIFT

1) A : 그런데 소영씨는 뭘 그렇게 많이 샀어요?
   B : 친구한테 선물 하려고 샀아요.

2) A : 오늘 저녁에 뭐 하실 거예요?
   B : 이탈리안 피자 먹으려고 해요

3) A : 레코드 샀어요?
   B : 아니요 아직 돈을 더 모으려고해요.

모으다 = TO COLLECT SAVE

4) A : 왜 문을 열었어요?
   B : 조금 있다가 나가려고해요

5) A : 왜 아직 퇴근 안 하셨어요?
   B : 일 많이 하려고 해요.

7. '보기'와 같이 하세요.

―――――――――〈보 기〉―――――――――

A : 소영씨라면 남편한테 어떤 선물을 받고 싶어요?
B : 나라면 향수를 받고 싶어요.

1) A : 이번 일요일에 시간 있으세요?
   B : 이번 일요일라면 시간없어요   .
2) A : 저 사람 정희씨 동생 아니에요?
   B : 저 사람이 정희씨 동생이라면 가서 인사 합시다.
3) A : 우리 둘이 같이 가도 돼요?
   B : 네, 우리 둘이라면 괜찮아요   .
4) A : 어떤 꽃 좋아하세요?
   B : 꽃이라면 아무거나 좋아해요   .
5) A : 국수 좋아하세요?
   B : 국수라면 다 좋아해요   .
6) A : 뭐 먹을까요?
   B : 한국 음식이라면 아무거나 다 좋아요

새단어

세일 기간	period of bargain sale	セール期間
석가탄신일	Buddah's Birthday	釈迦誕生日
출근	go to work, go on duty	出勤
붐비다	be crowded with(someone or something)	混む
개구쟁이	mischievous boy	きかん坊, 腕白
해운대	Haeundae(place name)	海雲台

편	means, service (e.g. by rail, by water)	篇
비자	visa	ビザ(VISA)
연장	extension, prolongation	延長
길이 막히다	road is blocked, traffic is jammed	道が混む
퇴근	go off duty, get off from work	退勤
늦잠	sleep until late in the morning	ねぼう
데	place	場所
인스턴트 식품	instant food	インスタント食品
향수	perfume, cologne	香水

제 7 과 | 짧게 잘라 주세요

이발사 : 어떻게 깎아 드릴까요?

손　님 : 앞머리는 조금만 다듬고, 옆머리하고 뒷머리는 짧게 잘라 주세요.

이발사 : 어느 정도로 짧게 자를까요?

손　님 : 귀가 나올 정도로 짧게 잘라 주세요.

이발사 : 면도도 해 드릴까요?

손　님 : 네, 해 주세요.

이발사 : 손님, 다 끝났습니다.

저쪽으로 가서 머리를 감으시지요.

ㅡ미장원에서ㅡ

손　님 : 파마를 하고 싶은데요.

미용사 : 머리를 언제 감으셨어요?

손　님 : 아침에 감았어요. 그러니까 다시 감지 않아도 돼요.

미용사 : 어떤 모양으로 해 드릴까요?

손　님 : 뒷머리는 그대로 두고 앞머리만 조금 잘라서 자연스럽게 해 주세요.

미용사 : 머리 마음에 드세요?

손 님 : 너무 곱슬거리는 것 같지 않아요?

미용사 : 처음이라서 그래요.

　　　　며칠 지나면 자연스러워질 거예요.

손 님 : 이 머리 어떻게 손질하면 돼요?

미용사 : 머리를 말리고 나서 앞머리만 약간 드라이하세요.

　　　　그리고 무스를 조금 바르면 돼요.

새단어

이발사	barber, hairdresser	理髪師
깎다	to cut	切る, 刈る
－아／어 드리다	*honorific expression of* －아／어 주다	－てさし上げる
다듬다	to groom one's hair, trim	整える
자르다	to cut	切る

-(으)ㄹ 정도	as much as	-る 程度, -るぐらい
귀	ear	耳
나오다	to peep, to show	出る
면도	shaving	ひげをそる
(머리를)감다	to wash one's hair	(髪)を洗う
-지요	*sentence ending*	
-아/어도 되다	*sentence ending*(for permission)	-てもかまわない
모양	shape, form	形
그대로	like that, intact, as things stand(there)	そのまま
두다	to leave	置く, 殘す
자연스럽게	naturally	自然に
마음에 들다	to be to one's liking, to be satisfactory	気に入る
곱슬거리다	(be)kinky, (be)wavy, (be)curly	縮れる
자연스럽다	(be)natural, not artificial	自然だ
손질하다	to fix one's hair	手入れする
말리다	to dry	かわかす
드라이	dry, blow dry	ドライヤー
무스	mousse	ムース
바르다	to put on, to smooth on	塗る
르 불규칙	르 *irregular verb*	르 不規則

기본문형

1. **- 아 / 어 드리다**

- 아 / 어 드리다 is an honorific expression of - 아 / 어 주다.

1) A : 어떤 모양으로 해 드릴까요?   How do you want your hair done?

B : 뒷머리는 그대로 두고　　Please do not toutch the back hair,
　　　　앞머리만 조금 잘라서　　and trim the front hair so it
　　　　자연스럽게 해 주세요.　　　　　　　　looks   natural.

2) A : 어제 집에서 뭐 했어요?
　　B : 어머니를 도와 드렸어요.
3) A : 제가 그 짐을 들어 드릴까요?
　　B : 네. 좀 들어 주세요.
4) A : 이 물건 몇 시까지 배달해 드릴까요?
　　B : 오후 4시까지 배달해 주시면 돼요.
5) A : 전화번호를 적어 드릴까요?
　　B : 네, 여기에 좀 적어 주세요.
6) A : 이 책 빌려 드릴까요?
　　B : 괜찮아요. 저도 살 거예요.

2. ─(으)ㄹ 정도

　This expression is used with a verb and marks a rough estimate of something compared with another thing.

1) A : 어느 정도로 짧게 자를까요?　How short do you want it cut?
　　B : 귀가 나올 정도로 짧게　　To the point where my ears
　　　　잘라 주세요.　　　　　　　　　　　　　show.
2) A : 어제 술을 얼마나 마셨어요?
　　B : 너무 취해서 걸을 수 없을 정도로 마셨어요.
3) A : 김치가 매워요?
　　B : 너무 매워서 눈물이 나올 정도예요.　　ITS SO HOT THAT I CRY
4) A : 머리가 많이 아프세요?
　　B : 네, 잠을 못 잘 정도로 아파요.　　　THAT I CANNOT SLEEP

5) A : 어제 응원했어요.
   B : 네, 목이 쉴 정도로 소리를 질렀어요.
6) A : 그 책 쉬워요?
   B : 네, 국민학생도 다 읽을 수 있을 정도예요.

3. | - 지요 | please |

This is a sentence ending which comes after a verb stem and expresses a polite request.

1) A : 저쪽으로 가서 머리를 감으시   Why don't you go over there
      지요.   to wash your hair?
   B : 알겠습니다.   All right.
2) A : 식사를 하시지요.
   B : 네, 잘 먹겠습니다.
3) A : 늦었는데 빨리 가시지요.
   B : 네, 그러죠.
4) A : 내일 부인과 함께 오시지요.
   B : 네, 그럼 내일 만납시다.
5) A : 차를 드시지요.
   B : 네, 고맙습니다.
6) A : 이쪽으로 앉으시지요.
   B : 고맙습니다.

4. | - 아 / 어도 되다 |

This expression comes after an active verb. And in the declarative. It asks for permission and in the interrogative sentence the speaker is asking for the listener's permission.

1) A : 머리를 언제 감으셨어요?   When did you last wash your hair?

   B : 아침에 감았어요. 그러니까 This morning, so there is no
       다시 감지 않아도 돼요.   need to wash my hair again.

2) A : 지금 집에 가도 돼요?
   B : 네, 가세요.

3) A : 전화 좀 써도 돼요?
   B : 그럼요.

4) A : 이 빵 혼자 다 먹어도 돼요?
   B : 네, 다 드세요.

5) A : 음식은 아무거나 먹어도 돼요?
   B : 오늘은 밥 대신 죽을 드세요.

6) A : 여기서 사진을 찍어도 돼요?
   B : 여기서는 사진을 찍을 수 없어요.

5. '르' 불규칙 / 르 irregular words

다르다, 빠르다, 고르다, 오르다, 부르다, 흐르다, 기르다, 모르다

1) A : 이 머리 어떻게 손질하면 돼   How can I fit my hair?
      요?
   B : 머리를 말리고 나서 앞머리만 After drying your hair, please
      약간 드라이하세요.   dry your front hair and then
      그리고 무스를 조금 바르면   put a little mousse on.
      돼요.

2) A : 노래 잘 부르세요?
   B : 아니오, 잘 못 불러요.

3) A : 버스 타고 갈까요?
   B : 지하철이 더 빨라요. 지하철 타고 가요.

4) A : 그 신발 정말 예뻐요.
   B : 고마워요. 우리 언니가 골라 줬어요.

5) A : 시간이 정말 빨리 흐르죠?
   B : 네, 정말 빨리 흘러요.
6) A : 무슨 동물 기르세요?
   B : 강아지 한 마리 길러요.

연 습

1. 본문을 읽고 _____에 알맞은 말을 넣어 보세요.

— 이발소에서 —
이발사 : 어떻게 깎아 드릴까요?
손 님 : _앞머리만 조금 다듬어 주세요_.
이발사 : 어느 정도로 짧게 자를까요?
손 님 : _눈썹이 나올 정도로 잘라 주세요_.
이발사 : 면도도 해 드릴까요?
손 님 : _아니요, 괜찮아요_.

— 미장원에서 —
손 님 : 파마를 하고 싶은데요.
미용사 : _언제 머리를 감았어요?_
손 님 : 아침에 감았어요. 그러니까 _안 감아도 돼요_.
미용사 : 어떤 모양으로 해 드릴까요?
손 님 : _앞머리를 조금 자르고 전체적으로 층이 있게 자연스럽게 해 주세요_.
미용사 : 머리 마음에 드세요?
손 님 : _조금 어색한 것 같지 않아요_.
미용사 : 처음이라서 그래요.
손 님 : 이 머리 어떻게 손질하면 돼요?
미용사 : _머리를 감고 나서 머리가 마르기 전에 무스를 바르면 돼요. 그댐 빗질은 하지 마세요_.

2. A는 가게 점원이고, B는 손님입니다. 다음 대화를 완성하세요.

1) A : 어떻게 깎아 드릴까요?
   B : 앞머리만 조금 잘라 주세요.
2) A : 물건을 싸 드릴까요?   싸다 / 포장하다 } WRAP.
   B : 네, 싸 주세요.
3) A : WRAP 들어 드릴까요?
   B : 네. 좀 들어 주세요.   들다 = TO CARRY
4) A : 언제까지 배달해 드릴까요?
   B : 오후 4시까지 배달해 주시면 돼요.
5) A : 계산해 드릴까요?
   B : 네, 계산해 주세요.
6) A : ~~~~
   B : 전화 번호만 쓰면 돼요?

3. 그림을 보고 대답하세요.

~을(ㄹ) 정도로 ~~~

1) 어느 정도로 짧게 자를까요?
   귀가 나올 정도로 잘라주세요.
   (나오다 = TO SHOW / PEEP)

2) 어제 술을 얼마나 드셨어요?
   잘 걸을 수 없을 정도로 취했어요.
   없다

3) 김치가 매워요?
   눈물이 나올 정도로 매워요
   나오다

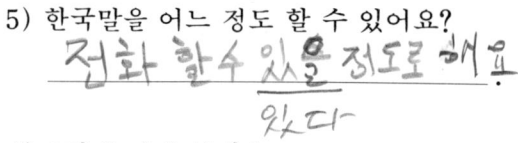

4) 머리가 많이 아프세요?
   <u>잠을 못 잘 정도로 아파요</u>.
   못 자다

5) 한국말을 어느 정도 할 수 있어요?
   <u>전화 할 수 있을 정도로 해요</u>
   있다

4. 부드럽게 말해 보세요.

   1) A : 저쪽으로 가서 머리를 감으세요.
      B : 알겠습니다.
   2) A : 식사를 하세요.
      B : 네, 잘 먹겠습니다.
   3) A : 늦었는데 빨리 가세요.
      B : 네, 그러죠.
   4) A : 내일 부인과 함께 오세요.
      B : 네, 그럼 내일 만납시다.
   5) A : 저쪽으로 앉으세요.
      B : 네, 고맙습니다.
   6) A : 차를 드세요.
      B : 네, 고맙습니다.

5. 그림을 보고 상대방에게 허가를 구하세요.

   1) <u>전화 써도 돼요?</u>

   2) <u>빵을 먹어도 돼요?</u>

3) 노래 해도 돼요?   .

4) 자도 돼요?   .

5) ~~_____~~ .

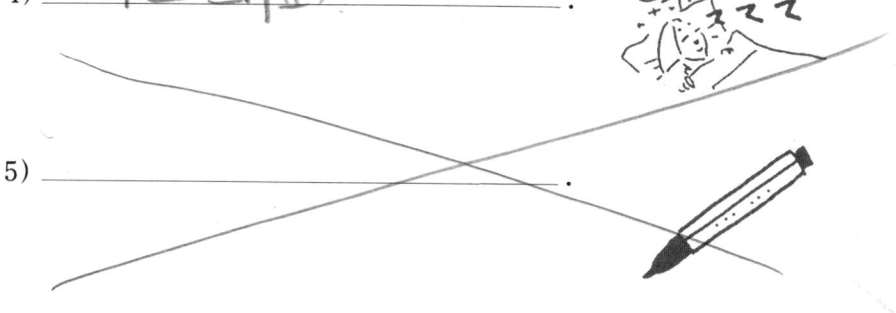

6. '보기'에 있는 말을 사용해 문장을 완성하세요.

⟨보 기⟩

다르다, 빠르다, 고르다, 오르다, 부르다, 흐르다, 기르다, 모르다

1) A : 음식값이 많이 비싸졌지요?
   B : 네, 값이 많이 올랐어요   .
2) A : 노래 잘 부르세요?
   B : 아니오, 노래 잘 못 불러요   .
3) A : 버스 타고 갈까요?
   B : 지하철이 빨라요   .
   지하철 타고 가요.
4) A : 그 신발 정말 예뻐요.
   B : 고마워요.
   우리 언니가 골랐어요   .
5) A : 내 책이 어디 있는지 알아요?
   B : 아니오, 몰라요   .

6) A : 무슨 동물 기르세요?
    B : ___계 길러요___.

새단어

짐	baggage, load	荷物
들다	to take, to lift	持つ
배달하다	to deliver, to carry	配達する
계산하다	to count, to calculate	計算する
취하다	to get drunk, to be come tipsy from liquor	酔う
눈물이 나오다	tears well up in one's eyes, tears come to one's eyes	涙が出る
응원하다	to aid, to support, to encourage, to cheer	応援する
목이 쉬다	to have a hoarse throat, to have a frog in one's throat	声がかれる
부인	wife	夫人
쓰다	to use	使う
아무거나	anything	何でも
대신	instead of, as a substitute	代リに
죽	porridge, rice-gruel	ずかゆ
다르다	be different	異なる, 違う
빠르다	be fast, be rapid	速い
고르다	to choose	選ぶ
오르다	to come up, to go up, to climb up	上る
부르다	to call	歌う
흐르다	to flow, to run	(時が)たつ, 流れる
기르다	to raise, to bring up	育てる
모르다	to do not know	知らない, れからない
싸다	to wrap	包む

제 8 과　시들기는요

― 생선 가게에서 ―

소　영 : 아저씨, 찌개 끓이려고 하는데, 뭐 좋은 거 있어요?

아저씨 : 대구가 아주 싱싱해요. 지금 막 들여왔어요.

소　영 : 한 마리에 얼만데요?

아저씨 : 큰 건 한마리에 5,000원이고, 작은 건 3,000원이에요.

소　영 : 너무 비싸요. 좀 깎아 주세요.

아저씨 : 그럼 3000원짜리를 2,800원에 줄테니까 갖고 가세요.

소　영 : 그래요. 그럼, 그걸로 주세요. 여기 3,000원 있어요. 많이 파세요.

아저씨 : 거스름돈 받아가셔야지요.

― 채소 가게에서 ―

소　영 : 아줌마, 이 미나리 어떻게 해요?

아줌마 : 한 단에 800원이에요.

　　　　드릴까요?

소　영 : 그건 좀 시든 것 같은데 다른 거 없어요?

아줌마 : 시들기는요.

　　　　오늘 아침에 들여온 건데.

　　　　그럼 이걸로 가져가요.

　　　　더 필요한 거 없어요?

소　영 : 무랑 호박이랑 한 개씩 주고 풋고추랑 파도

　　　　500원어치씩 주세요.

아줌마 : 이만큼이면 되겠어요?

소　영 : 네, 전부 얼마예요?

아줌마 : 2,300원만 내세요.

새단어

장보기	shopping, go to the market	買い物
찌개	pot stew	汁物, 鍋物
끓이다	to boil, to make hot	煮る, 沸かす
대구	codfish	たら
싱싱하다	be fresh	生きが良い, みずみずしい
막	just	たった今
깎다	to reduce, to make cheaper	値切る, 削る
짜리	worth, value	値するものの意, －あたり
－(으)ㄹ 테니까	so	－る から
갖고 가다	to take and go	持って行く
많이 파세요	Have many customers!(good-bye!)	(商人への)あいさつ言葉
거스름 돈	change	おつり
받다	to take, to get	受けとる
－아/어야지요	to have to do something, should do	－しなくてはね
채소	vegetables, greenstuff	野菜
미나리	dropwort	せり(芹)
단	bundle, bunch, sheaf	束
시들다	to wither, to wilt	しおれる, 元気がない
－기는요?	*sentence ending* expressing speaker's confutation	－ですって
들여오다	to buy in, to get in, to import	仕入れる
필요하다	be necessary	必要だ

무	radish, icicle radish	大根
호박	pumpkin	かぼちゃ
-씩	respectively, each	-ずつ
풋고추	green pepper, unripe pepper	青唐辛子
파	green onion	ねぎ
-어치	worth	**分量, 程度**
-만큼	as much as, as many as	-ぐらい
내다	to pay	払う, 出す

기본문형

1. ― 짜리   PIECE

This expression comes after a countable noun and means the price or value of that noun.

1) A : 대구 한 마리에 얼마예요?
   B : 3000원짜리도 있고
      2,000원짜리도 있어요.
            How much is a codfish?
            We have 3000-won codfish
            and 2000-won codfish.

2) A : 뭘 드릴까요?
   B : 100원짜리 우표 2장 주세요.

3) A : 저 사과 얼마예요?
   B : 저건 천원짜리고, 옆의 것은 700원짜리예요.

4) A : 동전 있으면 이 100원짜리 좀 바꿔 주세요.
   B : 여기 10원짜리 5개하고 50원짜리 한 개 있어요.

5) A : 그 가방 얼마짜리예요?
   B : 30,000원짜리예요.

6) A : 10,000원짜리 있어요?
   B : 5,000원짜리는 두 장 있어요.

2. - (으)ㄹ테니까   *BECAUSE*

This expression comes after a verb or an adjective and expresses the speaker's intention or conjecture. If the subject of the former sentence is the speaker and is different from the subject of the following sentence it explains the reason of a particular situation.

1) A : 이 생선 얼마예요?   How much is this fish?
   B : 싸게 줄테니까 가져 가세요.   I'll give you a good price so take it.

2) A : 언제 갈 거예요?
   B : 조금 이따가 갈테니까 먼저 가세요.

3) A : 버스 타고 갈까요?
   B : 버스는 복잡할테니까 택시 타고 갑시다.

4) A : 케익을 사 가지고 갈까요?
   B : 케익은 다른 사람이 벌써 사 갔을테니까 우리는 다른 거 사요.

5) A : 실컷 잤을테니까 이젠 그만 일어나요.
   B : 깨우지 마세요.

6) A : 커피는 많이 마셨을테니까 쥬스 드릴게요.
   B : 네, 고마워요.

3. - 아 / 어야지요   *MUST*

- 아 / 어야지요 comes after a verb or an adjective and means "must" or "to have to do something".

1) A : 머리가 아파요.   I have a headache.
   B : 그럼 병원에 가 보셔야지요.   Then, you should go to the hospital.

2) A : 비가 오나 봐요.
   B : 그럼, 우산을 가져가야지요.

3) A : 늦었어요.
   B : 그럼 빨리 가 보셔야지요.
4) A : 이거 마음에 안 드는데 다른 걸로 바꿔 줘요?
   B : 그럼요. 바꿔 드려야죠.
5) A : 내일 시험이에요.
   B : 그럼 빨리 공부해야지요.
6) A : 이 물건 집에까지 갖다줄 수 있어요?
   B : 그럼요. 갖다 드려야지요.

4.
- 어치

- 어치 means a price of something in the sense of quantity or degree.

1) A : 이 나물 얼마나 드릴까요?   How much wild greens do you need?
   B : 1,000원어치 주세요.   Give me 1000-won's worth of wild greens.
2) A : 과일을 전부 얼마나 샀어요?
   B : 사과 2,000원어치, 배 3,000원어치 샀어요.
3) A : 어느 걸 드릴까요?
   B : 저쪽에 있는 걸로 2,000원어치만 주세요.
4) A : 전부 얼마에요?
   B : 전부 3,200원어치인데 3,000원만 내세요.
5) A : 딸기 2,000원어치 주세요.
   B : 네, 여기 있습니다.
6) A : 떡볶이 1,000원어치하고 튀김 1,000원어치 주세요.
   B : 네, 곧 갖다 드릴게요.

5. | - 씩 |

-씩 comes after an expression of quantity and means each or every.

   1) A : 뭘 드릴까요?   What do you want?
       B : 무랑 호박이랑 한 개씩   Give me one radish
           주세요.   and one squash a piece.
   2) A : 이 약 어떻게 먹어요?
       B : 식 후에 한 알씩 드세요.
   3) A : 하루에 몇 시간씩 수영을 해요?
       B : 1시간씩 해요.
   4) A : 전부 읽을까요?
       B : 아니오, 한 사람이 한 줄씩 읽으세요.
   5) A : 책을 많이 읽으세요?
       B : 네, 일주일에 한 권씩 읽어요.
   6) A : 담배를 많이 피우세요?
       B : 일주일에 한 갑씩 피워요.

6. | - 기는요 |

-기는요 comes after a verb or an adjective and expresses the speaker's confutation of something.

   1) A : 그건 좀 시든 것 같은데 다른   That one looks withered, is
          거 없어요?   there another one?
       B : 시들기는요.   Did you say this is withered?
          오늘 아침에 들여온 건데.   It is not withered. I bought it
                                              in this morning.
   2) A : 요새 바쁘세요?
       B : 바쁘기는요. 언제든지 놀러 오세요.

3) A : 어제 어디 갔었어요?

　　B : 가기는요. 하루종일 집에서 텔레비전 봤어요.

4) A : 어제 본 영화 재미있었어요?

　　B : 재미있기는요. 졸려서 혼났어요.

5) A : 냉면 맛있지요?

　　B : 맛있기는요. 매워서 혼났어요.

6) A : 길이 막히지요?

　　B : 막히기는요. 한산하던데요.

7. ― 만큼 ENOUGH / AS MUCH AS

This experession comes after a noun and expresses a degree or limitation of something.

1) A : 사탕 좀 주세요.　　　　　　　　Give me some candy.

　　B : 이만큼이면 되겠어요?　　　　　Is this enough?

2) A : 지하철을 탈까요?

　　B : 그래요. 바쁠 때에는 지하철만큼 빠른 것도 없어요.

3) A : 민호씨 동생도 키가 커요?

　　B : 네, 민호씨만큼 커요.

4) A : 모리씨 한국어 꽤 잘하죠?

　　B : 네, 그렇지만 토마스씨만큼은 못 하는 것 같아요.

5) A : 날씨가 꽤 덥죠?

　　B : 네, 여름만큼 더워요.

6) A : 저사람 약속 잘 지키죠?

　　B : 네, 저 사람만큼 잘 지키는 사람도 없을 거예요.

연 습

1. 그림을 보고 대답하세요.

가(X) 1) A : 대구 한 마리에 얼마예요?
   큰건 3000원이고
   작은건 2000원이에요.

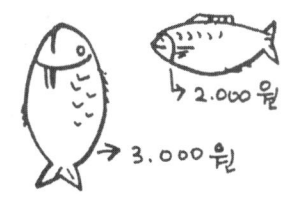

2) A : 뭘 드릴까요?
   백원 짜리 우표 두장 주세요.

3) A : 저 사과 얼마예요?
   큰건 1000원이고
   작은건 700원이에요.

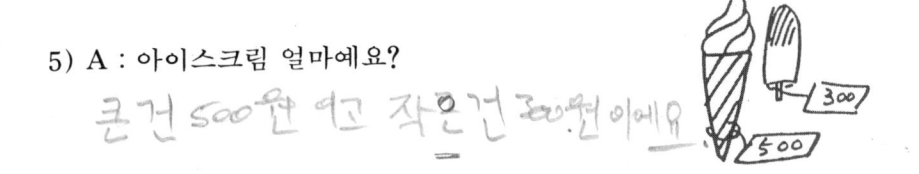

4) A : 동전 있으면 이 100원짜리 좀 바꿔 주세요.
   십원
   10원 짜리 5개하고 50원짜리 하나 있어요.

5) A : 아이스크림 얼마예요?
   큰건 500원이고 작은건 300원이에요.

2. 다음 두 문장으로 된 문장을 한 문장으로 말하세요.

　1) A : 이 생선 얼마예요?
　　 B : 싸게 줄게요. 그러니까 가져 가세요.
　2) A : 언제 올 거예요?
　　 B : 조금 이따가 갈게요. 그러니까 먼저 가세요.
　3) A : 버스 타고 갈까요?
　　 B : 버스는 복잡할 거예요. 그러니까 택시 타고 갑시다.
　4) A : 케익을 사 가지고 갈까요?
　　 B : 케익은 다른 사람이 벌써 사 갔을 거예요. 그러니까 우리는 다른 거 사요.
　5) A : 극장 앞에서 만날까요?
　　 B : 극장 앞에는 사람이 많을 거예요. 그러니까 다방에서 만나요.
　6) A : 커피는 많이 마셨지요? 쥬스 드릴까요?
　　 B : 네, 쥬스 주세요.

3. '보기'와 같이 하세요.

　　　　　　　　　　　〈보　기〉

　　　　A : 이거 마음에 안 드는데 다른 걸로 바꿔 줘요?
　　　　B : 그럼요. 바꿔 드려야죠.
　　　　　　　　　　　　　　야지요

　1) A : 머리가 아파요.
　　 B : 그럼요, 공기가 너무 안좋아요. / 약국에 가야지요
　2) A : 비가 오나 봐요.　　너무
　　 B : 아니요, 어는 눈이 많아요 다/네 비가 와야지요.
　3) A : 늦었어요.　오늘
　　 B : 조금 만 늦었어요. , 빨리 가야지요.

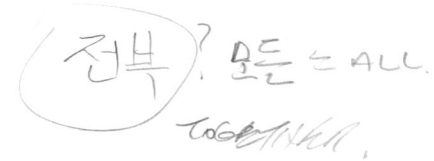

전부? 모든 = ALL.
TOGETHER.

4) A : 내일부터 시험이에요.
   B : 네 열심히 공부해 해야지요

5) A : 피곤해요.
   B : 아니요, 감기 걸렸어요. / 쉬어야지요

6) A : 이 물건 집에까지 갖다줄 수 있어요?
   B : 네 이물건이 집에까지 갖다 줄 수 있어요.
       주어야지요
       줘야지요

어치 = VALUE WORTH

4. 그림을 보고 대답하세요.

1) A : 이 나물 얼마나 드릴까요?
   B : 천원입니다
       천원 어치 주세요.

2) A : 과일을 전부 얼마나 샀어요?
   B : 오천원입니다
       오천원 어치 샀어요.

3) A : 어느 걸 드릴까요?
   B : 하나 만 주세요
       천원 짜리 주십시오

4) A : 전부 얼마예요?
   B : 삼천이천원
       삼천이백원 어치예요.

5) A : 얼마나 드릴까요?
   B : ~~호박하나, 딸기 천원 주십시요.~~
       호박 이천원 어치 하고 딸기 천원어치 주세요.

5. 그림을 보고 대답하세요.

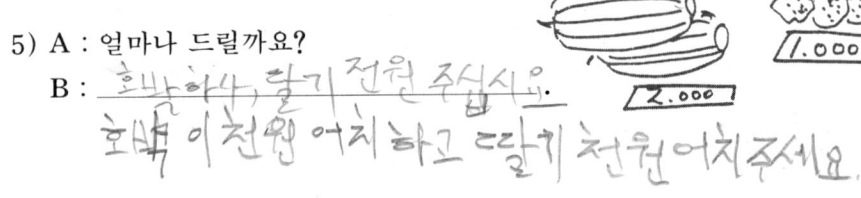

1) A : 뭘 드릴까요?
   B : ~~당근하고 무 주십세요~~ .
       당근 하고 무 하나씩 주세요

2) A : 이 약 어떻게 먹어요?
   B : ~~음식 하기 전에 하나씩~~
       식후에 하나씩 드세요 ~~먹어요~~

3) A : 하루에 몇 시간씩 수영을 해요?
   B : ~~삼십분씩 해요~~ .
       한 시간씩 수영을 해요.

4) A : 전부 읽을까요?
   B : 한사람씩 읽으세요 .

5) A : 지하철이 몇 분마다 있어요?
   B : _십오분마다 있어요_ . 15분

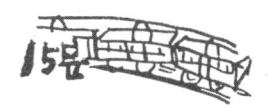

6. '보기'와 같이 하세요.

   ─────────〈 보 기 〉─────────

   A : 어제 본 영화 재미있었어요?
   B : 재미있기는요. 졸려서 혼났어요.

   ──────────────────────────

1) A : 그건 좀 시든 것 같은데 다른 거 없어요?
   B : _시들기는요. 어제 들어왔어요_
2) A : 요새 바쁘세요?
   B : _네 아주 바빠요 / 아니오 바쁘기는요_
3) A : 어제 어디 갔었어요?   요새=RECENTLY
   B : _부전 갔었어요 / 아니오 가기는요 집에 있었어요_
4) A : 수영 잘하세요?
   B : _네, 잘해요. 아니오 수영 잘하기는요_
5) A : 시험 공부 많이 했어요?
   B : _아니요, 많이 안해요. 아니오 많이 하기는요_
6) A : 길이 막히지요?
   B : _네 조금은 길이 안이 막혀요. 길이 막히기는요_

7. '보기'와 같이 하세요.

> 〈보 기〉
>
> A : 민호씨 동생도 키가 커요?
> B : 네, 민호씨만큼 커요.

1) A : 사탕 좀 주세요.
   B : _얼만큼 드릴까요?_ .
2) A : 지하철을 탈까요?
   B : _버스도 지하철 만큼 빨라요_ .
3) A : 술 많이 마셨어요?
   B : _취할 만큼 마셨어요_ .
4) A : 모리씨 한국어 꽤 잘하죠?
   B : _네 미스터김 만큼 한국 말을 잘해요_
5) A : 고추가 맵죠?
   B : _카레 만큼 매워요_ .
6) A : 저 사람 약속 잘 지키죠?
   B : _저 만큼 잘 지켜요_ .

새단어

나물	wild greens, herbs, salad makings	もやし
실컷	as much as one likes, more than enough	思う存分, あきるほど
그만	no more than that, that's enough	その程度, その位にして
떡볶이	stir-fryed dish of sliced rice cake	韓國の 料理の 一種
튀김	fried food, fried dish	揚げ物, てんぷら

식후	after a meal	食後
알	tablet	粒, カプセル
줄	line	行
갑	a pack, a case	箱
졸리다	to grow sleepy, to feel drowsy	ねむたい
혼나다	to have bitter experience, to have an awful time	大変だ, さんざんだ
길이 막히다	road is blocked, traffic jam	道路が渋滞する
한산하다	to have leisure, be inactive	閑散としている, ひっそりしている
약속을 지키다	keep a promise, keep an appointment	約束を守る
- 마다	each, every	－ごと

제 9 과 | 죽을 드시는 게 좋겠어요

약사 : 어디가 아프십니까?

영진 : 속이 답답하고 배가 아파요.

약사 : 언제부터 그랬어요?

영진 : 점심 먹고 나서부터요.

약사 : 체한 것 같아요.

　　　약을 지어 드릴까요?

영진 : 네, 그런데 가루약은 먹기 싫으니까 알약으로 주세요.

약사 : 그럼 우선 하루치 지어 드릴테니 드셔 보세요.

자, 지금 한 봉지 드시고 식후 30분마다 한 봉지씩

드세요.

영진 : 음식은 아무거나 먹어도 돼요?

약사 : 오늘은 밥 대신 죽을 드시는 게 좋겠어요.

새단어

속	insides, stomach	腹, 內部
답답하다	to feel stuffy, to feel oppressed	重苦い, さっぱりしない
체하다	to have indigestion, to have an upset stomach	食もたれ
짓다	to prepare(medicine), to make up(a prescription)	(藥を)調劑する
가루약	powdered medicine, medicinal powder	粉藥
-(으)니까	so, because(of)	-ので -から
알약	tablet	錠劑
우선	first of all	まず, 先に
하루	one day	一日

치	share, portion	-ぶん, 値
봉지	paper bag, packaged dose(of medicine)	袋, 包み
- 마다	every, each	-ごと
아무거나	anything	何でも
- 아 / 어도 되다	It is allowed to do(something)	-てもいい, かまわない
대신	instead of, as a substitute	-の代り
죽	porridge, rice-gruel	おかしゆ
- 는게 좋겠다	It will be better to do(something)	-た方がいい

기본문형

1. - (으)니까

- (으)니까 comes after a verb or an adjective and expresses the reason of the following sentence. When we want to clear up the cause or reason of something, we use these expressions - 아 / 어서, - 니까, - 기 때문에. - 아 / 어서 is used for an objective and specific reason, and - 니까 is used when the speaker wants to express his judgement. Both - 아 / 어서 and - 기 때문에 cannot be used in the imperative sentence or proposition.

1) A : 공부하기 싫으니까 놀아요.   I do not want to study, so
                                                               let's have fun.
   B : 안 돼요.   No. I can't.
2) A : 뭘 살까요?
   B : 장미꽃이 예쁘니까 장미꽃을 사요.
3) A : 버스 타고 갈까요?
   B : 바쁘니까 택시 타고 가요.
4) A : 더우니까 창문 좀 열어 주세요.
   B : 네, 그러죠.

5) A : 아직도 아프세요?
   B : 약을 먹었으니까 곧 괜찮아지겠죠.
6) A : 철민씨 아직 안 왔어요?
   B : 네. 오늘 친구들을 만나니까 늦을 거예요.

2. 하루, 이틀, 사흘……

When we count the days, we use the following expressions. 하루, 이틀, 사흘, 나흘, 닷새, 엿새, 이레, 여드레, 아흐레, 열흘, 보름.

1) A : 속이 답답하고 배가 아파요.   I feel stuffy and I have a stomachache.
   B : 그럼, 약을 우선 하루치 지어   Then, I will give you medicine
       드릴테니 드셔 보세요.   for one day. Please take it.
2) A : 피곤해 보여요.
   B : 이틀동안 밤을 새웠어요.
3) A : 이 옷 언제 찾으러 오면 돼요?
   B : 사흘 후에 오세요.
4) A : 이 잡지 일주일에 한 번 나와요?
   B : 아니오. 열흘에 한 번 나와요.
5) A : 담배 끊으셨어요?
   B : 나흘 동안 안 피웠어요.
6) A : 이 편지 도착하는 데 얼마나 걸려요?
   B : 닷새 정도 걸려요.

3. - 마다

- 마다 comes after a noun and expresses 'each'.

1) A : 이 약 어떻게 먹어요?   How often should I take this medicine?

B : 식후 30분마다 한 봉지씩　　Please take one packaged
　　　　드세요.　　　　　　　　　　　dose thirty minutes
　　　　　　　　　　　　　　　　　　　after each meal.

2) A : 매일 운동하세요?
　　B : 네, 아침마다 30분씩 운동을 해요.
3) A : 왜 저 사람 싫어해요?
　　B : 내가 바쁠 때마다 귀찮게 해서요.
4) A : 전화가 안 돼요?
　　B : 네, 걸 때마다 통화중이에요.
5) A : 저 사람 아세요?
　　B : 잘 몰라요. 그런데 학교 갈 때마다 같은 버스를 타요.
6) A : 선생님마다 수업 방식이 틀리죠?
　　B : 네, 성격도 달라요.

4. | - 는 게 좋겠다 |

This expression comes after a verb and means "it will be better". It is used when the speaker wants to express his opinion with care.

1) A : 음식은 아무거나 먹어도 돼요?　　Can I have any food?
　　B : 오늘은 밥 대신에 죽을　　　　　You will be better off having
　　　　드시는 게 좋겠어요.　　　　　　poridge instead of rice, today.
2) A : 같이 갈래요?
　　B : 혼자 가시는 게 좋겠어요.
3) A : 뭐 먹을래요?
　　B : 갈비탕을 먹는 게 좋겠어요.
4) A : 피곤해요.
　　B : 그럼 집에 가서 쉬는 게 좋겠어요.
5) A : 제가 운전할까요?
　　B : 그러는 게 좋겠어요.

6) A : 어디 갈까요?
   B : 여름이니까 바닷가에 가는 게 좋겠어요.

연 습

1. 본문을 읽고 대답하세요.

   1) 영진씨는 어디가 아파요?

   2) 언제부터 그랬어요?

   3) 체했어요?

   4) 약을 지었어요?

   5) 그런데 왜 알약으로 지었어요?

   6) 약은 며칠치 지었어요?

   7) 약은 어떻게 먹어요?

   8) 음식은 아무거나 먹어도 돼요?

2. 두 문장을 한 문장으로 말하세요.

   1) A : 선생님은 안 가세요?
      B : 네, 바빠서 못 가요. 토마스씨한테 안부 전해 주세요.
   2) A : 저녁에 만날까요?
      B : 오늘은 시간이 없어요. 내일 만나요.
   3) A : 극장까지 버스를 타고 갈까요?
      B : 가까워요. 그냥 걸어서 가요.
   4) A : 배가 아파요.
      B : 밥을 너무 빨리 먹었어요. 그러니까 배가 아프지요.
   5) A : 어디서 만날까요?
      B : 다방은 너무 시끄러워요. 빵집에서 만나요.
   6) A : 아직도 아프세요?
      B : 약을 먹었어요. 그러니까 곧 괜찮아지겠죠.

3. ( ) 안의 숫자를 이용해 대답하세요.

   1) A : 속이 답답하고 배가 아파요.
      B : 약을 며칠치 지어 드릴까요?
      A : _일주치 지어 주세요_ . (1)
   2) A : 피곤해 보여요. 밤을 새웠어요?
      B : _이틀밤 새웠어요_ . (2)
   3) A : 이 옷 언제 찾으러 오면 돼요?
      B : _사일후에 찾으러 오면 돼요_ . (3)
   4) A : 이 잡지 일주일에 한 번 나와요?
      B : _아니오 열흘에 한번 나와요_ . (10)
   5) A : 담배 끊으셨어요?
      B : _네 끊은지 나흘 됐어요_ . (4)
   6) A : 이 편지 도착하는 데 얼마나 걸려요?
      B : _엿새 걸려요_ . (6)

4. '보기'와 같이 하세요.

> ─〈보 기〉─
>
> A : 전화가 안 돼요?(걸다 / 통화중)
>
> B : 네, 걸 때마다 통화중이에요.

1) A : 이 약 어떻게 먹어요?
   B : (식후 30분 / 한 봉지)
2) A : 매일 운동하세요?
   B : (아침 / 30분씩)
3) A : 왜 저 사람 싫어해요?
   B : (바쁘다 / 귀찮게 하다)
4) A : 집에 아무도 없어요?
   B : (찾아오다 / 없다)
5) A : 언제나 어머니께서 버스정류장에서 기다려요?
   B : (비가 오다 / 기다리다)
6) A : 연극을 자주 보세요?
   B : (일요일 / 한 편)

5. 조심스럽게 의견을 말해 보세요.

1) A : 음식은 아무거나 먹어도 돼요?
   B : _____
2) A : 같이 갈래요?
   B : 네 같이 가는게 좋겠어요
3) A : 뭐 먹을래요?
   B : 먹는게 좋겠어요
4) A : 피곤해요.
   B : 푹 쉬는게 좋겠어요

5) A : 제가 운전할까요?
   B : _그러는게 좋겠어요_.

6) A : 어디 갈까요?
   B : _사무실에 가는게 좋겠어요_.

새단어

유행	vogue, fashion, trendy	流行
지겹다	be tedious, be wearisome, be boring	うんざりだ, こりごりする
세일	bargain sale	セール
안부	regards, welfare, well-being	安否, あいさつ
이틀	two days	二日間
밤을 새우다	to stay awake all night	徹夜する
찾다	to take back, to have it back, to regain	訪れる, さがす
사흘	three days	三日間
나오다	to come out, to be published, to be brought out	出る, 現れる
열흘	ten days	十日間
싫어하다	to dislike	嫌がる, きらう
귀찮다	be troublesome, be annoying, be bothersome	わずらわしい, めんどうだ
귀찮게 하다	to bother	わずらわせる, 悩ませる

| 제 10 과 | 복 습 II |

1. 소영씨와 정희씨는 1년전에 같은 회사에서 일을 했습니다. 내일은 소영씨 남편의 생일날입니다. 그래서 소영씨는 남편 생일 선물을 사러 백화점에 갔습니다. 정희는 올해 대학에 입학한 여동생에게 구두를 사 주려고 백화점에 나왔습니다. 소영씨와 정희씨가 우연히 백화점에서 만났습니다.
   이야기해 보세요.

   소영 : 어머, 정희씨 오래간만이에요.
   정희 : 네, 오래간만이에요.
   소영 : 정희씨 백화점에 웬일이세요?
   정희 : 대학에 입학한 여동생에게 구두를 사 주려고요. 소영씨는요?
   소영 : 저는 남편 생일 선물을 사려구요. (고요) 전화하세요.
   정희 : 그럼요, 전화 할게요!

2. 창민씨는 머리를 자르러 이발소에 갔습니다. 앞머리는 조금만 자르고, 뒷머리는 짧게 자르고 싶습니다.
   이야기해 보세요.

   이발사 : 이쪽으로 앉으세요.
   창 민 : 네, 감사합니다.
   이발사 : 어떻게 해 드릴까요?
   창 민 : 앞머리는 조금만 자르고, 뒷머리는 짧게 자르고 싶습니다.
   이발사 : 면도도 해 드릴까요?
   아니요, 매일 아침마다 면도 해요.

3. 선영씨는 저녁에 생선찌개를 끓이려고 합니다. 그래서 시장에 가서 생선하고 야채를 사려고 합니다.
   이야기해 보세요.

—생선가게에서—

아저씨 : 뭘 드릴까요?
선　영 : 신선한 생선 주세요.
아저씨 : 무슨 생선 드릴까요?
선　영 : 대구 주세요.
아저씨 : 몇 마리 드릴까요?
선　영 : 한 마리 주세요.

—채소가게에서—

아줌마 : 뭘 드릴까요?
선　영 : 미나리 주세요.
아줌마 : 얼마치 드릴까요?
선　영 : 이천원어치 주세요.
아줌마 : 다른 것도 드릴까요?
선　영 : 아니요 됐습니다.

4. 창민씨는 어제 친구들과 저녁 늦게까지 술을 마셨습니다. 그래서 오늘 머리가 아프고 배도 아픕니다. 그래서 약국에 갔습니다.
　　이야기해 보세요.

약사 : 어디가 아프십니까?
창민 : 머리가 아프고 배도 아픕니다.
약사 : 열도 있습니까?
창민 : 네 열이 나요.
약사 : 약을 지어 드릴까요.

5. 어떻게 하시겠습니까?

　　친구와 함께 점심을 먹으러 식당에 갔습니다. 한 시간 안에 사무실에 돌아가야 합니다. 식당에는 사람들이 별로 없었는데 종업원들이 이야기하느라고 주문을 늦게 받았습니다. 그리고 음식이 나왔는데 음식이 식어 있었습니다.

상관없다

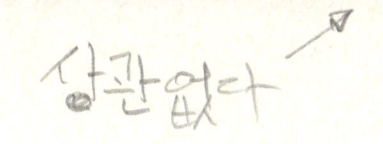

6. 그림을 보고 이야기 해보세요.

엎드리고 있었어요

조퇴증 (EARLY NOTE)
LEAVE EARLY

양호실
양호교사
NURSE TEACHER

체온 = BODY TEMP 재다 = TO TAKE TEMP (MEASURE)

아주 높았어요

편안하게 쉬었어요

제 11 과　너 어제 하루종일 어디 갔었니?

민호 : 영진아, 어디 가?

영진 : 수미 만나러 다방에 가. 너도 같이 갈래?

민호 : 내가 가도 괜찮아?

영진 : 그럼, 상관없어.

　　　그런데 너 어제 하루종일 어디 갔었니?

　　　전화했는데 없더라.

민호 : 어디 가긴.

　　　내가 도서관밖에 갈 데가 더 있니?

영진 : 야, 공부 좀 그만 해라.

민호 : 그런데 왜 전화했어?

영진 : 뭐 별일 아니야. (전화)

　　　술이나 한 잔 할까 해서 했어.

민호 : 오래간만에 술 마실 기회를 놓쳤네.

영진 : 다음에 한 잔 하자.

새단어

하루종일	all day long, the whole day	一日じゅう
상관없다	to have nothing to do with to bear no relation to, to not matter	かまわない, 関係ない
—더라		過去回想語尾
별일	particular thing, odd thing	大したこと
—(으)ㄹ까 하다	to have an intention to do	—ようかと 思う
기회	chance, opportunity	機会
놓치다	to miss, to drop	逃がす, 乗りそこなう
—자	Let's (to do something)	—(し)よう

존대말과 반말 (Honorific & Impolite form)

　In Korean, the predicate of a sentence has a different ending which shows the relationship between speaker and listener.

　The honorific expression is used when the social status of the person you are talking to is higher than yours, or even when his status is equal to or lower than yours, you should use the honorific when in a formal situation. And you can also use the honorific when the person you are talking to is older than you or is not familiar with you.

　The impolite form is used when you are talking to a friend or to a younger person than you. And even though you are talking with an older person, if you are familiar with him, you can use the impolite form.

기본문형

1. 반말 어미(-아/어, -았/었어, -(으)ㄹ까, -(으)ㄹ래)

 -아/어, -았/었어, -(으)ㄹ까, -(으)ㄹ래, -(으)ㄹ게, -지 is an impolite expression. But if we add -요 to the end of the above expression, we can use that as an honorific expression.

1) A : 어디 가? Where are you going?
   B : 친구 만나러 가. I am going to meet my friend.
2) A : 그 영화 재미있어?
   B : 응, 아주 재미있어.
3) A : 선영이한테 전화했어?
   B : 깜빡 잊고 못 했어.
4) A : 어제 아팠어?
   B : 응, 머리가 좀 아팠어.
5) A : 뭐 할까?
   B : 글쎄, 난 영화 보고 싶어.
6) A : 지금 전화 걸까?
   B : 조금 후에 거는 게 어때?
7) A : 뭐 마실래?
   B : 난 홍차 마실래.
8) A : 누구랑 같이 갈래?
   B : 수미랑 같이 갈래.
9) A : 가방이 너무 무거워.
   B : 내가 들어 줄게.
10) A : 누가 수미네 집에 전화할래?
    B : 내가 할게.
11) A : 날씨 좋지?
    B : 응, 아주 좋아.
12) A : 오늘 하루종일 집에 있었지?
    B : 응, 꼼짝도 안 하고 집에 있었어.

13) A : 선영이는 벌써 갔어?
    B : 왜, 할 말 있었어?
14) A : 아기가 밥을 잘 먹지?
    B : 응, 아무거나 잘 먹어.

2. ─(이)야

─(이)야 is an impolite form of the expression ─이에요, ─입니다. ─야 comes after a noun ends in a vowel, and ─이야 comes after a noun ends in a consonant.

1) A : 할머니, 이게 뭐예요?   Grandmother, what is this?
   B : 손자한테 받은 선물이야.   It's a gift from my grandson.
2) A : 엄마, 이 봉지에 들어 있는 게 뭐예요?
   B : 찌개거리야.
3) A : 아버지, 아까 그 분 누구예요?
   B : 전에 같이 일하던 사람이야.
4) A : 선영아, 이거 누구 책이야?
   B : 내 책이야.
5) A : 영진아, 저 사람 이름이 뭐야?
   B : 송진석이야.
6) A : 수미야, 생일이 언제야?
   B : 10월 27일이야.
7) A : 일요일날 뭐 할 거야?
   B : 그냥 집에 있을 거야.
8) A : 수미가 전화할까?
   B : 아마 할 거야.

3. ─니?

─니 is an impolite interrogative sentence ending and is used

in a friendly atmosphere.

1) A : 뭐 하니? What are you doing now?
   B : 책 읽어. I'm reading a book.
2) A : 그 책 재미있니?
   B : 아니, 별로 재미없어.
3) A : 일요일날 산에 갔다왔니?
   B : 응, 갔다왔어.
4) A : 설악산에 사람 많았니?
   B : 응, 굉장히 많았어.
5) A : 이거 누구 우산이니?
   B : 나도 모르겠는데.
6) A : 여기가 네 방이니?
   B : 응, 여기가 내 방이야.

4. ─아 / 어(라)

─아 / 어(라) is an impolite form of an imperative sentence ending ─(으)세요. 라 usually can be omitted in a casual conversation.

빨리 와.   Hurry up.
여기 앉아.
이거 받아.   ANSWER, WRITE.
내가 편지하면 꼭 답장 써.
웃지 마.
거짓말하지 마.

5. ─자

─자 is an impolite expression of a proposition ending such as ─(으)ㅂ시다 or ─아 / 어요.

1) A : 어디 갈까? Where shall we go?
   B : 배 고프니까 먼저 밥 먹으러 I'm hungry. Let's eat first.
      가자.
2) A : 몇 시에 만날까?
   B : 3시에 만나자.
3) A : 밖에 나갈까?
   B : 나가지 말고 집에서 음악이나 듣자.
4) A : 수미야, 이따가 영화 보러 가자.
   B : 오늘은 바빠서 안 돼.
      내일 보러 가자.
5) A : 오늘 저녁에 술 한 잔 하자.
   B : 좋아, 퇴근하고 만나자.
6) A : 정희 가을에 결혼하니?
   B : 몰라, 이따가 만나면 물어 보자.

6. ─ 더라

─ 더라 is an impolite sentence ending which expresses that the fact had been known by listening or seeing. If the tense of the preceding clause is the same as the following sentence, ─ 더라 is used. While on the case the speaker gets information about the fact which has been completed, ─ 았 / 었더라 is used.

내가 갔을 때 수미는 밥을 먹더라. When I went there, Sumi was having a meal.
내가 갔을 때 수미는 밥을 다 먹었더라. When I went there, Sumi had had a meal.

1) A : 수미 어디 있는지 알아?
   B : 아까 저쪽으로 가더라.

2) A : 그 영화 재미있어?
   B : 응, 괜찮더라.
3) A : 선영이 아들 봤어?
   B : 응, 아주 건강하더라.
4) A : 넌 어떤 여자가 좋아?
   B : 난 착한 여자가 좋더라.
5) A : 어제 영진이 왔어?
   B : 응, 정희랑 같이 왔더라.
6) A : 철민이 이사갔더라.
   B : 그래? 전화 번호는 안 바뀌었어?

연 습 12/14 숙제 (꼭! 하세요!!)

1. 본문을 읽고 대답해 보세요.

   1) 영진이는 어디 가요? 또 혼자 가요?

   2) 민호는 어제 어디 있었어요?

   3) 영진이는 어제 민호가 집에 없었던 것을 어떻게 알았어요?

   4) 영진이는 왜 민호한테 전화했어요?

   5) 민호는 요즘 자주 술을 마셔요?

2. 다음 문장을 반말로 고쳐 말해 보세요.

   1) A : 뭐 해요?
      B : 신문 읽어요.
   2) A : 우산 가지고 왔어요?
      B : 아니오, 안 가지고 왔어요.

3) A : 뭐 마실래요?
   B : 커피 마실래요.
4) A : 일요일날 뭐 할까요?
   B : 영화 보러 가는 게 어때요?
5) A : 좀 춥지요?
   B : 네, 좀 추워요.
6) A : 다음에 누가 노래할래요?
   B : 제가 할게요.
7) A : 아까 그 분 누구예요?
   B : 전에 옆집에 살던 분이에요.
8) A : 아까 누가 전화했어요?
   B : 선영이가 전화했어요.
9) A : 약속 시간에 늦지 않았어요?
   B : 네, 10분쯤 일찍 도착했어요.
10) A : 저 사진 언제 찍은 거예요?
    B : 고등학교 때 찍은 거예요.

3. 두 사람은 친구예요.
   질문에 대답해 보세요.

1) A : 뭐 할까?
   B : _술을 마시자_.
2) A : 뭐 먹을까?
   B : _감자탕 먹자_.
3) A : 어디 갈까?
   B : _도서관에 가자_.
4) A : 누구한테 물어 볼까? —ASK
   B : _남선생님께 물어 보자_.
5) A : 몇 시에 만날까?
   B : _3시에 만나자_.
6) A : 어디 앉을까?
   B : _여기에 앉자_.

4. '보기'와 같이 _____ 에 알맞은 말을 넣으세요.

> ─⟨ 보 기 ⟩─
>
> 성민아, 급한 일이 생겼어. <u>빨리 와</u>.

1) 조금만 있으면 끝나니까 <u>잠깐만 기다리세요</u>.
2) 시내에 가지? 올 때 <u>장갑 사다 주세요</u>.
3) 이 책 다 읽었으면 <u>빌려 주세요</u>.
4) 이건 비밀이니까 <u>다른 사람한테 얘기 하지 마세요</u>.
5) 배 고프면 <u>많이 먹어요</u>.
✓6) 어렵다고만 하지 말고 <u>쉬워요</u>.

5. 다음 문장을 친한 친구에게 쓰는 표현으로 바꿔 말해 보세요.

1) A : 뭐 해요?
   B : 음악 들어요. 들어
2) A : 이거 누구 모자예요?
   B : 우리 언니 모자예요. 모자야
3) A : 커피 마시러 갈까요? — 네 그래 / 응 좋아
   B : 네, 좋아요. 좋아
4) A : 여기가 경복궁이에요?
   B : 네, 그래요. 응 그래
5) A : 잔디밭에 들어가도 돼요?   (GRASS)
   B : 저기 들어가지 말라고 쓰여 있으니까 들어가지 마세요.
6) A : 어제 집에 늦게 들어갔어요?
   B : 네, 그런데 어떻게 알았어요? 알았어
   A : 전화했는데 없어서요.
7) A : 오늘은 여기까지 하고 내일 합시다.
   B : 네, 그럽시다.
   응 그러자

8) A : 가도 될까요?
   B : 네, 가세요. 응,가

6. 자신이 느끼거나 본 것을 다른 친구한테 이야기해 줍니다. GIVE
   '보기'와 같이 해 보세요.

   ―――――⟨보 기⟩―――――
   A : 수미 어디 있는지 알아?
   B : 아까 저쪽에서 친구하고 얘기하더라.

1) A : 영진이 여자 친구 봤어?
   B : 뚱뚱하더라.

2) A : 그 영화 어때?
   B : 재미없더라.

3) A : 공항에 가서 철민이 만났어?
   B : 공항에 도착하니 떠났더라.

4) A : 영진이 봤니?
   B : 네, 밥을 먹고 있더라.

105

5) A : 어제 선영이 혼자 왔어?
   B : 친구 같이 왔더라.
       (하고 왔)

6) A : 오늘 날씨 어때?
   B : 춥더라.

새단어

꼼짝도 안 하다	to not budge an inch	身じろぎもしない
아무거나	anything	何でも
손자	grandchild	孫
봉지	paper bag, package	袋
찌개거리	pot stew makings, pot stew stock	チゲの 材料
이따가	after a while, a little later	あとで
내내	from beginning to end, all the time	ずっと
말을 안 듣다	to do not obey (follow, take) a person's advice	言うことを 聞かない
웃기다	to make a person laugh to cause a smile, to amuse	笑わす, 笑わせる

제 12 과 내일은 해가 서쪽에서 뜨겠다

민호 : 어, 수미가 벌써 왔네.

　　　내일은 해가 서쪽에서 뜨겠다.

수미 : 하도 길이 막혀서 오늘은 좀 일찍 나왔어.

　　　너무 일찍 왔니?

민호 : 너 요새 어떻게 지내니?

수미 : 바빠서 죽겠어.

　　　다음주 월요일부터 시험이잖아.

　　　아르바이트도 하고 시험 공부도 하느라고 정신이 하나도 없어.

영진 : 너 그렇게 바빠 가지고 어떻게 사니?

　　　몸 생각도 해야지.

수미 : 글쎄 말이야.

민호 : 차 시켜라.

　　　오늘 월급 받았으니까 차값은 내가 낼게.

새단어

해가 뜨다	the sun rises	日が昇る
내일은 해가 서쪽에서 뜨겠다	the sun will rise in the west tomorrow (This exprssion is used when an unexpected thing takes place)	（めずらしい事をひやかす意）
하도 - 아/어서	so — that	とても - ので
길이 막히다	a road is blocked, get in a traffic jam	道が混む
요새	these days, at present	近頃
- 아/어 죽겠다	to die of something	- て死にそうだ
✓ 잖아	you know	- でしょう
✓ - 아/어야지	to have to do	- なければならない
정신이 없다	to be distracted, to be absent-minded	落ち着かない (忙しくて)目が回る
- 아/어 가지고	it's because	- ので
글쎄 말이야	Yes, I know	そうだね
시키다	to order	注文する

기본문형

1. ─ 네(요)

─ 네요 is a sentence ending for an exclamation. But in the Korean language an adverb is more often used in an exclamatory sentence.

오늘 참 예쁘네요.　　　　　　　　How pretty you are today.
산이 아주 높네요.
한국말을 잘하시네요.
비가 오네.
수미가 오늘은 벌써 왔네.
집을 벌써 다 지었네.

2. ─ 겠다　　　　will

─겠─ comes after a verb or an adjective and expresses a supposition of the subject. This is used in a conversation with a friend or someone younger. It is also used in a monologue.

비가 오겠다.　　　　　　　　　　It looks like rain.
아프겠다.
힘들겠다.
저 영화 재미있겠다.
3시에 출발했으니까 지금쯤 도착했겠다.
갑자기 날씨가 추워져서 고생 많이 했겠다.

3. 하도 ─ 아 / 어서

하도 means "very" and is always preceded by words which express reason. 하도 -아/어서 means "someone(something) is very —so".

1) A : 어제 뭐 했어요? What did you do yesterday?
   B : 집에 있다가 하도 심심해서 I stayed home but got so
       혼자 극장에 갔어요. bored, I went to see a movie
                          by myself.

2) A : 영화 재미있었어요?
   B : 하도 재미없어서 보다가 그냥 나왔어요.

3) A : 어제 모임 재미있었어요?
   B : 재미있었어요.
       영진씨가 하도 웃겨서 배가 아파 혼났어요. [IN PAIN / HAVE A HARD TIME]

4) A : 피아노 혼자 옮겼어요?
   B : 혼자 옮기려고 했는데, 하도 무거워서 혼자 옮길 수 없었어요.

5) A : 언제부터 배가 아프기 시작했어요.
   B : 아까 하도 목이 말라서 아이스크림을 한꺼번에 5개 먹었거든요.
       그랬더니 배가 아프기 시작했어요.

6) A : 산 꼭대기까지 올라갔다 왔어요?
   B : 아니오, 바람이 하도 많이 불어서 올라갈 수가 없었어요.

4. -아/어(서) 죽겠다

This expression comes after an adjective and states the excessiveness of some situation.

1) 배 고파 죽겠어. 빨리 밥 먹으러   I am starving to death. Let's
   가자.   go quickly to have a meal.

2) 심심해 죽겠어. 뭐 재미있는 일 없을까?
3) 힘들어 죽겠어. 좀 도와 줘.
4) 피곤해 죽겠어. 며칠만 푹 쉬었으면 좋겠어.
5) 빨리 와서 이 얘기 좀 들어 봐. 우스워 죽겠어.
6) 졸려 죽겠어. 하루만 푹 잤으면 좋겠어.

5. - 잖아 // You Know

- 잖아 means "you know", so it is used when the speaker wants to explain about something which is already known to the listener.

1) A : 수미씨는 요즘 바쁜가 봐요.　　　Sumi seems very busy
　　　　　　　　　　　　　　　　　　　these days.
　 B : 다음 주에 연극 공연이　　　She has a performance the
　　　 있잖아요.　　　　　　　　　 next week, you know.
2) A : 정희씨는 친구들한테 인기가 많은 것 같아요.
　 B : 착하잖아요.
3) A : 나무가 다 시들었네요.
　 B : 오랫동안 비가 안 왔잖아요.
4) A : 이번에는 학생들 성적이 좋네요.
　 B : 문제가 쉬웠잖아요.
5) A : 왜 이렇게 다리가 아프죠?
　 B : 어제 산에 갔다왔잖아요.
6) A : 영진씨도 내일 모임에 안 갈 거예요?
　 B : 다른 사람들도 안 가잖아요.

6. - 아 / 어 가지고 // it's because

- 아 / 어 가지고 means "it's because", and is the same as - 아 / 어 서. It is a much used expression in conversation.

1) A : 왜 이렇게 늦었어요?　　　　　Why are you so late?
　 B : 갑자기 친구가 찾아와 가지고　It's because I had a surprise
　　　 늦었어요.　　　　　　　　　 visit from my friend.
2) A : 가방 안 샀어요?
　 B : 너무 비싸 가지고 안 샀어요.

3) A : 영화 재미없었어요?
   B : 하도 재미없어 가지고 중간에 그냥 나왔어요.
4) A : 발이 아파요?
   B : 며칠 전에 구두를 새로 샀는데 좀 작아 가지고 발이 아파요.
5) A : 우승한 기분이 어때?
   B : 어제 밤엔 하도 좋아 가지고 하나도 못 잤어.
6) A : 놀러 가서 재미있었어?
   B : 재미있긴. 갑자기 비가 와 가지고 금방 왔어.

연 습

1. 본문을 읽고 대답하세요.

   1) 수미는 약속 시간을 잘 지켜요?
   _____.

   2) 수미가 일찍 온 걸 보고 민호가 뭐라고 했어요?
   _____.

   3) 수미는 오늘 왜 일찍 나왔어요?
   _____.

   4) 수미는 요즘 뭐 때문에 바빠요?
   _____.

   5) 민호는 왜 차값을 내겠다고 했어요?
   _____.

2. 어떻겠어요? 그림을 보고 _____에 알맞은 말을 넣으세요.

   1)
   _____.

2) _____.

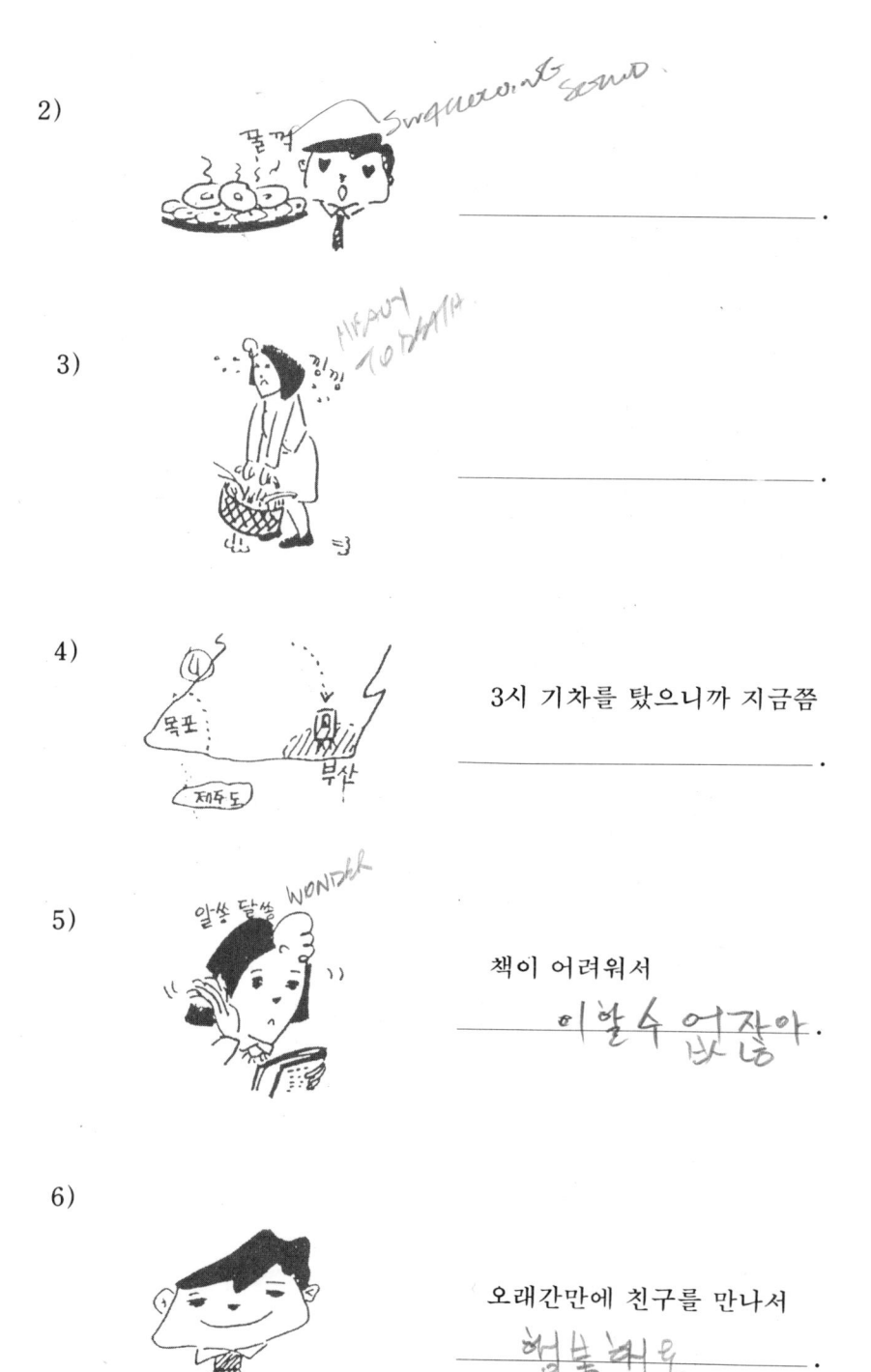

3) _____.

4) 3시 기차를 탔으니까 지금쯤 _____.

5) 책이 어려워서 이할 수 없잖아.

6) 오래간만에 친구를 만나서 행복해요.

3. '하도 - 아 / 어서'를 이용해 대답해 보세요.

   1) 어제 뭐 했어요?
      _____ .

   2) 왜 배가 아파요?
      _____ .

   3) 왜 이렇게 늦었어요?
      _____ .

   4) 왜 전화했어요?
      _____ .

   5) 왜 영진씨가 안 오고 철민씨가 왔어요?
      _____ .

   6) 왜 이렇게 눈이 부었어요?
      _____ .

4. '- 아 / 어(서) 죽겠다'를 이용해 '보기'와 같이 해 보세요.

   ┌─────────── 〈 보 기 〉 ───────────┐
   │   │
   │   배 고파 죽겠어요.   │
   │   │
   │   빨리 먹을 것 좀 주세요.   │
   │   │
   └────────────────────────────────────┘

   1) _____ .
      한 10시간만 푹 잤으면 좋겠어.

   2) _____ .
      음악 좀 작게 틀어.

   3) _____ .
      뭐 재미있는 일 없을까?

   4) _____ .
      좀 쉬었다 해요.

   5) 빈 집에 혼자 있으니까 _____ .

6) 영진씨, _____.
   빨리 오세요.

5. '보기'와 같이 _____에 알맞은 말을 넣으세요.

   ─────⟨보 기⟩─────
   A : 어제 모임에 왜 안 왔니?
   B : 무슨 모임? 난 연락 못 받았는데?
   A : 내가 며칠 전에 얘기해 주었잖아.

   1) A : 어, 내 사전이 어디에 갔지?
      B : _____.
   2) A : 오늘 왜 이렇게 일하기 싫지요?
      B : _____.
   3) A : 장미가 다 시들었네요.
      B : _____.
   4) A : 오늘 왜 이렇게 피곤하지요?
      B : _____.
   5) A : 요즘 바쁜가 보죠?
      B : _____.
   6) A : 철민씨가 요즘 왜 안 보이죠?
      B : _____.

6. '-아/어 가지고'를 이용해 질문에 대답하세요.

   1) 왜 그렇게 기분이 나빠요?
      _____.

   2) 우산 가지고 왔어요?
      _____.

3) 어제 영화 봤어요?
   _____.

4) 여행 재미있었어요?
   _____.

5) 졸려요?
   _____.

6) 왜 혼자 왔어요?
   _____.

새단어

심심하다	to be bored, to have a dull time, to feel weary	退屈だ, つまらない
그냥	just	そのまま
웃기다	to make a person laugh, to provoke laughter, to cause a smile	笑わす, 面白い
혼나다	to have bitter experience, to get frightened out of one's wits, to have an awful time	ひどい(大変な)目にあう
옮기다	to move, to transfer, to remove	動かす
한꺼번에	at once, at a time, all together	いっしょに, 一度に
꼭대기	the top, the summit, the peak	頂上
우습다	be funny, be amusing	おかしい, こっけいだ
공연	public performance, showing	公演
인기	popularity, popular esteem	人気
시들다	to wither, to wilt	枯れる, しおれる
성적	grade, score, marks	成績
중간	the middle, the midway	中間
새로	newly, anew	新しく
우승하다	victory, to win the title	優勝する
(약속을) 지키다	to keep one's promise	(約束を) 守る

(눈이) 붓다	to have one's eyes swollen	(まぶたが) はれる
(라디오를) 틀다	to turn on the radio	(ラジオを) 聞く
비다	(be) empty, (be) vacant, (be) unoccupied	空く, すいている

제 13 과 민속촌 같은 데가 어때?

수미 : 선영아, 서울에 어디 갈 만한 데 있니?

선영 : 글쎄, 그런데 왜?

수미 : 사촌 동생이 5년만에 미국에서 오는데 어디에 데려가야 될 지 잘 모르겠어.

선영 : 그럼, 민속촌 같은 데가 어때?

수미 : 그것도 괜찮겠다.

나도 아직 안 가 봤으니까 이번 기회에 한 번 가 볼까?

선영 : 그런데 너 꼭 편한 신발 신고 가라.

난 지난 번에 구두 신고 갔다가 다리가 아파서 죽을 뻔 했어.

수미 : 그렇게 넓어?

선영 : 천천히 구경하면 서너 시간 걸릴 거야.

수미 : 돈은 얼마나 들까?

선영 : 차비하고 점심값하고 입장료까지 해서 적어도 일인당 만원은 들 거야.

새단어

민속촌	the Korean Folk Village	民俗村
같은	same, like	－みたいな, －ような
－(으)ㄹ 만하다	be worth while to	－る 価値がある
사촌	cousin	いとこ
－만에	after	－ぶりに
데려가다	to take(a person) along, to take away	連れて行く
－아/어야 할지 모르다	to do not know what (how, when, where) to do	－たらいいか わからない
기회	chance, opportunity	機会
편하다	be comfortable	楽だ
－았/었다가	and(*perfect conjunctive ending*)	－て

-(으)ㄹ 뻔하다	be (come, go) near doing, nearly, almost	-る所だった
-아/어서 죽을 뻔하다	be nearly die of	-で死にそうだった
서너	three or four	3, 4
(돈이) 들다	to cost, to cost one much money	(お金が)かかる
차비	car fare, travel expenses	車代
입장료	admission fee, entrance fee	入場料
적어도	at least, at a minimum	少くとも
일인당	for each person	ひとりあたり

기본문형

1. | -(으)ㄹ 만하다 // be worth while to |

-(으)ㄹ 만하다 comes after a verb stem and means "be worth while to do something".

1) A : 그 영화 어때요?   How was that movie?
   B : 볼 만해요.   It was worth seeing.
2) A : 맛이 어때요?
   B : 먹을 만해요.
3) A : 민속촌 어때요?
   B : 한 번 가 볼 만해요.
4) A : 그 책 재미있어요?
   B : 별로 재미는 없지만 한 번 읽어 볼 만해요.
5) A : 영화 보고 싶은데, 뭐 볼 만한 것 없어요?
   B : 요즘은 볼 만한 영화가 별로 없는 것 같아요.
6) A : 가방 샀어요?
   B : 살 만한 게 없어서 그냥 왔어요.

2. | - 만에 / 만이다 | after |

—만에 comes after a time noun and expresses the duration until something has happened.

1) A : 얼마만에 다시 만난 거죠?　　How long has it been since we have met?
   B : 3년만이에요.　　It's been (almost) three years.
2) A : 이게 얼마만이에요?
   B : 꼭 10년만이에요.
3) A : 그 동안 계속 한국말을 배우셨어요?
   B : 아니오, 그 동안 바빠서 배우지 못했어요.
      6개월만에 다시 시작한 거예요.
4) A : 수미씨는 책만 읽으면 졸린가 봐요.
   B : 책을 읽기 시작한 지 10분만에 졸고 있어요.
5) A : 병원에 얼마나 있었어요?
   B : 입원한 지 1달만에 퇴원했어요.
6) A : 수영을 얼마나 배우면 잘할 수 있어요?
   B : 사람에 따라 다르죠.
      그렇지만 나는 배우기 시작한 지 열흘만에 잘 할 수 있었어요.

3. | - 아 / 어야 할지 모르다
- 아 / 어야 될지 모르다 | to do not know what(how, who, where, when) to - |

- 아 / 어야 할지 모르다 comes after 'a wh-word + verb' and expresses the speaker's agony. In other words, it is used when the speaker hesitates in giving a definite decision.

이번 일요일날 뭘 해야 할지　　I can't make up my mind what
모르겠어요.　　to do this Sunday.
이 문제를 어떻게 해결해야 될지 모르겠어요.

생일날 누구를 초대해야 할지 모르겠어요.
어디서 만나야 될지 모르겠어요.
언제 만나야 할지 모르겠어요.
가야 할지 가지 말아야 할지 모르겠어요.
이번 휴가 때 산으로 가야 할지 바다로 가야 할지 모르겠어요.
더 기다려야 될지 그냥 가야 될지 모르겠어요.
연락을 해야 할지 말아야 할지 모르겠어요.

4. | - 같은 | such |

- 같은 comes after a noun and means "such, like(one)".

1) A : 이번 휴가 때 어디 가면 좋을까요?
   B : 설악산 같은 데는 어때요?

   Where would be a nice place to spend our vacation?
   How about somewhere like Mt. Sorak?

2) A : 점심 때 뭘 먹을까요?
   B : 비빔밥 같은 게 어때요?

3) A : 어떤 구두를 살 거예요?
   B : 수미씨 구두 같은 걸 살 거예요.

4) A : 어느 나라에 가고 싶어요?
   B : 스위스 같은 나라에 가고 싶어요.

5) A : 혹시 빵 같은 거 있어요?
   B : 빵은 없고 과자가 있는데, 드릴까요?

6) A : 어떤 남자가 좋아요?
   B : 영진씨 같은 남자가 좋아요.

5. -았/었다가

When -다가 is used without the past infix, it expresses the interruption or suspension of an action. But when it is attached to the past tense infix, it expresses the succession of an action by another, after the first action has been completed, or nullification of an action.

일요일날 산에 갔다가 갑자기 I went up to a mountain on
비가 와서 고생했어. Sunday, but I had a hard time
because it rained all of the sudden.

할아버지보다 먼저 수저를 들었다가 혼났어.
부모님한테 거짓말을 했다가 혼났어요.
점심 때 만났다가 1시간 전에 헤어졌어요.
친구를 만나러 시내에 갔다왔어요.
저 서점에 잠깐 들렀다가 갈게요.

6. -(으)ㄹ 뻔 하다 // be (come, go) near doing, almost, nearly

-(으)ㄹ 뻔하다 comes after a verb and means "be near doing" and -아/어서 죽을 뻔 했다 comes after an adjective and expresses a very severe situation.

뛰어가다가 넘어질 뻔 했어요. I nearly fell down while I was
running.

조금만 늦게 갔으면 못 만날 뻔 했어요.
약속을 잊어버릴 뻔 했어요.
우리 강아지가 차에 치여서 죽을 뻔 했어요.
배가 고파서 죽을 뻔 했어요.
수업 시간에 졸려서 죽을 뻔 했어요.

7. | 한두, 두세, 서너, 너댓, 대여섯 |

   1) A : 사람이 많이 필요해요?   Do you need many people?
      B : 아니오, 한두 명만 있으면   No, one or two will be
         돼요.   enough.
   2) A : 하루에 이를 몇 번 닦아요?
      B : 두세 번 닦아요.
   3) A : 그 동안 수미씨 몇 번이나 만났어요?
      B : 서너 번 만났어요.
   4) A : 사진 많이 찍었어요?
      B : 한 너댓 장 찍었어요.
   5) A : 손님이 몇 명 올 거예요?
      B : 한 대여섯 명 올 거예요.

연 습

1. 본문을 읽고 대답해 보세요.

   1) 수미는 선영이에게 왜 어디가 갈 만하냐고 물었어요?
      _____.

   2) 선영이는 어디를 추천했어요?
      _____.

   3) 수미는 전에 민속촌에 가 본 적이 있어요?
      _____.

   4) 선영이는 수미한테 어떤 신발을 신고 민속촌에 가라고 했어요?
      _____.

   5) 선영이는 전에 민속촌에 구두를 신고 가서 어땠어요?
      _____.

   6) 민속촌을 다 구경하려면 시간이 얼마쯤 걸려요?
      _____.

7) 돈은 얼마쯤 들어요?
   _____.

2. '-(으)ㄹ 만하다'를 이용해 질문에 대답하세요.

   1) 그 책 재미있어요?
      _____.

   2) 설악산 어때요?
      _____.

   3) 영화 보러 갈까요?
      _____.

   4) 구두 샀어요?
      _____.

   5) 아침마다 운동을 하는 게 어때요?
      _____.

   6) 많이 아파요?
      _____.

3. 다음 질문에 대답해 보세요.

   1) 이게 얼마만이에요?
      _____.

   2) 얼마만에 다시 한국에 온 거예요?
      _____.

   3) 최형만 선수가 1회전에 KO 당했어요?
      _____.

   4) 아기가 몇 개월 때부터 걷기 시작했어요?
      _____.

   5) 어제 수미씨랑 늦게까지 같이 있었어요?
      _____.

   6) 결혼하기 전에 오래 사귀었어요?
      _____.

4. 어떻게 해야 될지 모르겠어요. 대답해 보세요.

   1) 선영씨 생일날 뭘 선물할까요?
      _____.

   2) 무슨 영화를 보러 갈까요?
      _____.

   3) 누구한테 도와 달라고 부탁할까요?
      _____.

   4) 좀더 기다릴까요, 그냥 갈까요?
      _____.

   5) 어떤 옷을 입을까요?
      _____.

   6) 진수한테 연락을 할까요, 말까요?
      _____.

5. '보기'와 같이 하세요.

   ┌─────────〈보 기〉─────────┐
   │   │
   │   어떤 여자가 좋아요?   │
   │   정희씨 같은 여자가 좋아요. │
   │   │
   └──────────────────────────────────┘

   1) 아침에 밥 먹어요?
      아니오, _____.

   2) 어떤 나라에 가 보고 싶어요?
      _____.

   3) 어떤 옷을 좋아해요?
      _____.

   4) 언제 놀러 갈까요?
      _____.

5) 목이 마른데 쥬스 같은 거 있어요?
   _____.

6) 혹시 _____?
   빵은 없고 과자가 조금 있는데 드릴까요?

6. _____에 알맞은 말을 넣으세요.

   1) 자동차를 샀다가 _____.
   2) 조금 전에 선영이를 만났다가 _____.
   3) 친구를 만나러 시내에 나왔다가 _____.
   4) 잠깐만 기다렸다가 _____.
   5) 잠깐만 일어났다가 _____.
   6) 회사에 갔다가 _____.

7. 어떻게 될 뻔 했어요?

   1) 뛰어가다가 _____.
   2) 서울역에 조금만 늦게 도착했으면 _____.
   3) 약속을 _____.
   4) 지갑을 _____.
   5) 산에서 내려올 때 _____.
   6) 어제밤에 무서워서 _____.

8. 그림을 보고 몇 개인지 말해 보세요.

   1)

   몇 명쯤 가면 돼요?
   _____.

2)

장미꽃을 몇 송이 살까요?

_____.

3)

술 많이 마셨어요?

_____.

4)

아이를 몇 명쯤 낳고 싶어요?

_____.

5)

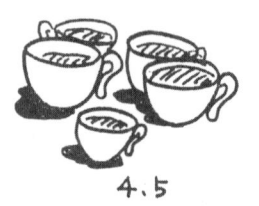

하루에 커피를 몇 잔 마셔요?

_____.

새단어

입원하다	to be hospitalized, to enter hospital	入院する
퇴원하다	to leave the hospital, to be discharged from the hospital	退院する

-에 따라	according to	－ごとに
해결하다	to solve, to settle	解決する
초대하다	to invite	招待する
말다	to not do(something)	－ない
수저	spoon and chopsticks	はしとスプーン
혼나다	to have bitter experience, to have an awful time	しかられる
들르다	to drop by, to call at a house, to drop in for a short visit	寄る
넘어지다	to fall down, to tumble down	ころぶ
차에 치이다	to be run over, to be hit by a car	車に ひかれる
한두	one or two	一・二
두세	two or three	二・三
너댓	four or five	四・五
대여섯	five or six	五・六

제 14 과　**얼마 전에 용돈 받았다고 했잖아**

민호 : 영진아, 너 돈 좀 가진 거 있니?

영진 : 왜?

민호 : 좀 쓸 데가 있어서.

영진 : 너 얼마 전에 용돈 받았다고 했잖아.

민호 : 벌써 다 써 버렸어.

영진 : 뭐 하느라고?

민호 : 글쎄, 잘 모르겠어.

　　　뭐 좀 사고 술 좀 마셨더니 하나도 없더라.

영진 : 돈도 못 벌면서 무슨 돈을 그렇게 펑펑 쓰니?

민호 : 그러지 말고 삼만원만 좀 빌려 줘.

영진 : 알았어.

나도 다음 주말에는 써야 되니까 그때까지는 꼭 갚아라.

새단어

-다고 하다	a person said that	-だと言う
-아/어 버리다	get through (with) (*auxiliary verb*)	-てしまう
-았/었더니	(the time) when, as	-たら
펑펑 쓰다	to spend money like water	どんどん使う
갚다	to pay (one's debt), to pay back	返す

기본문형

1. | -다고 하다 // someone said that- |

We use this expression when we quote another person's speech. It is used in the plain style. And in the case of present-tense noun is used in the variant form of -(이)라고 하다.

1) A : 영진씨는 안 왔어요?　　　　　　　Didn't Youngjin come?
   B : 네, 오늘 집에 손님이 와서　　　　No, he said, he couldn't come
   　　못 온다고 했어요.　　　　　　　because he had guests over.
2) A : 수미씨 나갔어요?
   B : 네, 아까 친구 만나러 간다고 하면서 나갔어요.
3) A : 선영씨 아기 예뻐요?
   B : 나도 아직 못 봤는데, 예쁘다고 해요.
4) A : 저 사람 누구예요?
   B : 수미씨 언니라고 해요.
5) A : 선영씨도 내일 수미씨 집에 갈 거죠?
   B : 네, 그런데 그 전에 약속이 있어서 좀 늦을 거예요.
   　　그래서 수미씨한테 좀 늦을 거라고 얘기했어요.
6) A : 영진씨, 아직 집에 안 갔어요?
   B : 왜요?
   A : 아까 수미씨가 찾았는데 내가 집에 갔다고 했어요.
7) A : 어제 파티 재미있었어요?
   B : 나도 안 갔는데, 재미있었다고 해요.
8) A : 저 할아버지 옛날에 어떤 일을 하셨어요?
   B : 의사였다고 해요.
9) A : 내일 산에 갈 거예요?
   B : 네, 가겠다고 했어요.
10) A : 내일 날씨 어떨까요? 일기예보 봤어요?
    B : 좀 흐리겠다고 했어요.

2. －아 / 어 버리다

－아 / 어 버리다 is the same as －고 말다 which comes after the verb stem and expresses the completion of the verb. This form differs from －고 말다 in that it expresses the feeling of regret about the action which has taken place as well as emphasizing the completion of the action.

전화 번호를 잊어 버려서 전화를   I couldn't call because I forgot
못 했어요.   the phone number.
가방을 사자마자 잃어 버렸어요.
용돈을 다 써 버렸어요.
수미씨가 화를 내고 가 버렸어요.
지갑을 잃어 버렸어요.
책을 읽다가 그만 잠들어 버렸어요.

3. | - 았 / 었더니 | when, as |

We use - 았 / 었더니 in the following two cases :
a) When owing to the action in the former clause, we get the result of the latter clause.
b) When some different thing or situation is followed by the end of the action in the former clause.
This expression is followed by a verb and always has first person subject(I).

아침에 일찍 갔더니 아무도 없더라.   There was no one when I
                                     arrived there early in the morning.
어제 전화했더니 여행 갔다고 하더라.
오래간만에 만났더니 아주 반가워하더라.
어제 술을 많이 마셨더니 속이 좀 쓰려요.   — Acidic?
오래간만에 운동을 했더니 다리가 너무 아파요.
오랫동안 전화를 안 했더니 화가 났나 봐요.

4. | - (으)면서 | But |

The usuage of - (으)면서 was refered to earlier in Book I. It was

133

used when the same person simultaneously does two things. Here the expression will be used to express a conflict in content when the subject of each clause is a same person.

언니는 지금 기분이 좋으면서 My elder sister feels very good,
안 좋은 척 한다. but she pretends that she doesn't.

저 집 음식은 맛도 없으면서 비싸기만 하다.
수미하고 영진이는 매일매일 만나면서 그냥 친구 사이라고 말한다.
우리 형은 나한테는 일찍 들어오라고 하면서 자기는 늦게 들어온다.
철민이는 여행 갔다왔으면서 계속 집에 있었다고 한다.
수미는 선물을 많이 받았으면서 못 받았다고 말한다. — SHE SAID

4.

| -아 / 어야 되다 | have to, must |

1) A : 수미씨, 다방에 가서 차 A : Sumi. Let's have a cup of
   한 잔 하고 가요. tea in a coffee-shop.
   B : 미안해요. 오늘은 집에 Sorry, I have to go home early
   일찍 가서 밥 해야 돼요. to cook a meal.

2) A : 아줌마, 갈비찜 할 때 꼭 배를 넣어야 돼요?
   B : 꼭 넣어야 되는 건 아니지만 넣으면 더 맛있지요.

3) A : 안 자요?
   B : 할 게 많아서 오늘 밤 새워야 돼요.

4) A : 저도 내일 꼭 와야 돼요?
   B : 오기 싫으면 오지 마세요.

5) A : 구경하고 안 사도 되지요?
   B : 네, 마음에 들지 않으면 안 사도 돼요.

6) A : 머리가 아픈데 좀 일찍 가도 될까요?
   B : 네, 일찍 가도 괜찮아요.

연 습

1. 본문을 읽고 대답하세요.

   1) 민호는 영진이한테 왜 돈을 빌려 달라고 했어요?

   2) 민호는 용돈을 받은 지 오래 됐어요?

   3) 민호는 뭐 하느라고 용돈을 다 써 버렸어요?

   4) 민호는 돈을 아껴 써요?

   5) 영진이는 민호한테 언제까지 돈을 갚으라고 했어요?

2. 수미는 선영이한테서 이야기를 듣고 철민이한테 다시 이야기를 해요. 어떻게 이야기할까요? '보기'와 같이 하세요.

   〈보 기〉

   선영→수미 : 그 영화는 재미없어요.

   수미→철민 : 그 영화는 재미없다고 해요.

   1) 선영→수미 : 나는 오늘 바빠요.
      수미→철민_____ .
   2) 선영→수미 : 이번 일요일날 산에 갈 거예요.
      수미→철민 : _____ .

3) 선영→수미 : 나는 내일 모임에 못 갈 것 같아요.
   수미→철민 : _____.
4) 선영→수미 : 정희가 보고 싶어요.
   수미→철민 _____.
5) 선영→수미 : 어제는 늦게까지 텔레비전을 봤어요.
   수미→철민 : _____.
6) 선영→수미 : 저기가 우리 집이에요.
   수미→철민 : _____.
7) 선영→수미 : 나는 그냥 집에 있겠어요.
   수미→선영 : _____.
8) 선영→수미 : 영진씨를 만났어요.
   수미→철민 : _____.
9) 선영→수미 : 우리 할아버지는 선생님이셨어요.
   수미→철민 : _____.
10) 선영→수미 : 2시예요.
    수미→철민 : _____.

3. '- 아 / 어 버리다'를 이용해 _____에 알맞은 말을 넣으세요.

1) A : 왜 전화 안 했어요?
   B : _____.
2) A : 영진씨 갔어요?
   B : _____.
3) A : 여기 있던 과자 어디 갔어요?
   B : _____.
4) A : 돈 좀 빌려 주세요.
   B : _____.
5) A : 아직도 선영씨한테 말 못 했지요?
   B : _____.
6) A : 그 책 벌써 다 읽었어요?
   B : _____.

4. '-았/었더니'를 이용해 _____에 알맞은 말을 넣으세요.

   1) A : 어제 학교에 가서 친구들 만났어요?
      B : _____.

   2) A : 한국말 실력이 많이 늘었네요.
      B : _____.

   3) A : 수미씨가 화 난 것 같아요.
      B : _____.

   4) A : 왜 그래요? 다리 아파요?
      B : _____.

   5) A : 왜 그렇게 눈이 부었어요?
      B : _____.

   6) A : 이제 안 아파요?
      B : _____.

5. '-면서'를 이용해 _____에 알맞은 말을 넣으세요.

   1) A : 저 집 음식 맛 어때?
      B : _____.

   2) A : 토마스씨 한국말 잘해요?
      B : _____.

   3) A : 너 요즘도 술 많이 마시니?
      B : _____.

   4) A : 성호씨네 집 가난해요?
      B : _____.

   5) A : _____.
      B : 형은 매일 늦게 들어오면서 왜 나한테만 일찍 들어오라고 해?

   6) A : _____.
      B : 여러 번 만났으면서 거짓말하는 거지?

6. '-아 / 어야 하다'를 이용해서 _____에 알맞은 말을 넣으세요.

1) A : 감기에 걸렸어요.
   B : _____ .

2) A : 친구한테 편지를 받았는데 답장을 쓰기가 귀찮아요.
   B : _____ .

3) A : 회사에 가기 싫어요.
   B : _____ .

4) A : 오늘 모임에 안 가면 안 돼요?
   B : _____ .

5) A : 불고기를 만들 때 꼭 필요한 게 뭐예요?
   B : _____ .

6) A : 안 자요?
   B : _____ .

새단어

화를 내다	to get angry(with a person or at a thing) to get nad at	怒る
반가워하다	to be glad about(doing), to be pleased about(doing)	喜こぶ
속이 쓰리다	to have a burning feeling in one's stomach, to have a sore stomach	胸やけがする, ひもじい
선(을) 보다	to see each other with a view to marriage, to have a meeting with a prospective bride(groom)	見合いする
퇴근하다	to leave the office, to go home from work	退勤する
늘다	to advance, to make progress, to improve	上手になる, 伸びる
경치	scene, landscape, scenery, view	景色
귀찮다	be thoublesome, be annoying, be bothersome	わずらわしい, めんどうくさい

제 15 과 복습 Ⅲ

1. 여러분 나라에 있는 친구가 한국에 놀러 오면 어디로 안내하고 싶습니까?

   또 왜 거기로 안내하고 싶은지 설명해 보세요.

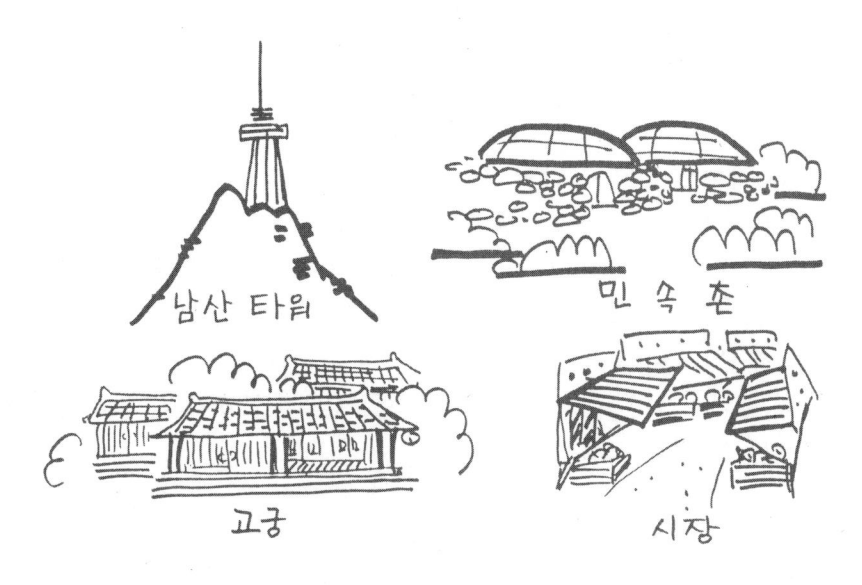

   남산 타워   민속촌
   고궁   시장

2. 1억 원짜리 복권에 당첨되었어요. 그러면 여러분은 그 돈으로 무얼 하겠어요?

3. 수미씨는 광고 회사에서 카피 라이터로 일하는 젊고 유능한 여자입니다. 그런데 주위에는 수미씨를 좋아하는 남자들이 여러 명 있습니다. 수미씨도 이제 결혼할 나이가 되었기 때문에 다음에 있는 세 남자 중의 한 사람과 결혼하거나, 결혼하지 않고 혼자 사는 것에 대해 깊이 생각하고 있습니다.
여러분이 수미씨라면 네 가지 중 어느 것을 선택하겠습니까? 아래 글을 읽고 이야기해 보십시오.

박 준 호
1. 잘 생긴 연극 배우, 가난하다.
2. 사랑을 적극적으로 표현한다.
3. 수미씨에게 비싸지는 않지만 예쁜 선물을 자주 사 준다.
4. 좀 이기적인 편이다.
5. 전에 애인이 많았다.
6. 아주 건강하다.
7. 수미가 계속 일하기를 원한다.

이 한 국
1. 나이 많은 사업가, 부자다.
2. 항상 친절하지만 사랑을 직접적으로 표현하지는 않는다.
3. 비싼 보석 같은 것을 선물한다.
4. 보수적이다.
5. 3년 전에 아내가 죽었고, 대학에 다니는 아들이 하나 있다.
6. 수미보다 20살쯤 많지만 건강하다.
7. 수미가 직장을 그만두고 집에만 있기를 원한다.

김 동 진
1. 젊은 중산층의 교수.
2. 수미에게 사랑의 시를 써 보낸다.
3. 직접 꽃을 꺾어 선물한다.
4. 조용하고 신중하고 지적이다.
5. 전에 5년 동안 사귀었던 여자가 있었다.
6. 몸은 건강하나 좀 신경질적이다.
7. 수미는 자신의 의사에 따라 일을 계속할 수도 그만둘 수도 있다.

혼자 산다
1. 회사에서 간부가 될 가능성이 있다.
2. 하는 일이 재미있다.
3. 여유있게 살 수 있을 만큼 돈을 번다.
4. 하고 싶은 일을 마음대로 할 수 있다.
5. 가끔 외롭다.
6. 아이를 낳고 싶지 않다.
7. 활동적이고 변화있는 삶을 즐길 수 있다.

제 16 과   친구들이랑 농구를 하다가 다쳤대요

선생님 : 어제 토마스씨 병문안 갔다왔어요?

모 리 : 네, 수잔씨랑 같이 갔다왔어요.

선생님 : 토마스씨 좀 어때요?

모 리 : 많이 나은 것 같아요.

선생님 : 어떻게 하다가 다쳤대요?

모 리 : 친구들이랑 농구를 하다가 다쳤대요.

        한 일주일은 더 병원에 있어야 된대요.

선생님 : 많이 다쳤나 보죠?

모 리 : 네, 좀 다쳤어요.

선생님 : 퇴원은 언제래요?

모 리 : 의사선생님이 더 검사해야 하니까 며칠 더 병원에 있으라고 했대요.

선생님 : 언제 또 병원에 갈 거예요?

모 리 : 내일 아니면 모레쯤 갈 건데요. 왜요?

선생님 : 내가 바빠서 못 가니까 토마스씨보고 몸조리 잘하라고 전해 주세요.

모 리 : 그렇게 하죠.

새단어

다치다	to get hurt, to be injured	けがをする
-대요	*sentence ending*	伝言の語尾
병문안	ask after the health of another, pay a visit to a patient in the hospital	病気見舞い
한 (약)	about, approximately	おおよそ, だいたい
퇴원	leaving the hospital, one's discharge from the hospital	退院
-래요? / 래요 (하다고 했어요)	*sentence ending*	伝言の語尾
검사하다	to check up, to examine, to inspect	檢査する
-라고 했대요? / 라고 했대요	*sentence ending*	命令の伝言の語尾
아니면	or	-でなければ
-보고 / 에게	to	-に
몸조리	care of health, recuperation, take care of one's self	保養, 健康管理

기본문형

1. | - 대요? / 대요 | Did someone say? / someone said that |

-대요? / 대요 is an informal style of -다고 합니까? / -다고 합니다. It is used after a verb or an adjective and expresses a fact which was quoted from another person's speech.

1) A : 어떻게 하다가 다쳤대요?   How did he say he got hurt?
   B : 친구들이랑 농구 하다가   He said he got hurt when he
       다쳤대요.   was playing basketball with
                                his friends.
2) A : 수잔씨가 토마스씨 병문안 갔다왔대요?
   B : 네, 어제 갔다왔대요.
3) A : 수미씨 요새 바쁘대요?
   B : 네, 굉장히 바쁘대요.
4) A : 선생님께서 민호한테 전화 하셨대요?
   B : 네, 어제 저녁에 하셨대요.
5) A : 오늘 저녁에 손님이 많이 오신대요?
   B : 네, 많이 오신대요.
6) A : 저 영화 재미있대요?
   B : 하나도 재미없대요.

2. | -(이)래요? / (이)래요 | Someone said that- |

-래요? / 래요 is an informal style of -라고 합니까? / -라고 합니다. It comes after noun and is in the form of a quote from another person's speech.

1) A : 퇴원이 언제래요?   When did he say he could leave the hospital?
   B : 다음 주 월요일이래요.   He said next Monday.
2) A : 다친 사람이 누구래요?
   B : 토마스씨래요.
3) A : 수미씨 고향이 어디래요?
   B : 전주래요.
4) A : 그거 선생님 가방이래요?
   B : 네, 선생님 거래요.
5) A : 저 사람이 이집 단골 손님이래요?
   B : 네, 매일 온대요.
6) A : 어제 본 영화 제목이 뭐래요?
   B : 들었는데 잊어버렸어요.

3.

| —라고 했대요? / 라고 했대요 | Did someone said that? / Someone said that— |

-라고 했대요? / 라고 했대요 is a double quotation from which is the indirect quoted form -다고 합니까? / 다고 합니다 in connection to the indirect quoted form of -라고 했습니다 which expresses a command.

의사→토마스 : 며칠 더 병원에 계세요.
   Please stay in this hospital for a few more days.
토마스→모리 : 의사선생님이 며칠 더 병원에 있으래.
   The doctor said that you have to stay in the hospital for a few more days.
모리→선생님 : 의사선생님이 토마스한테 며칠 더 병원에 있으라고 했대요.
   He said that the doctor told him to stay in the hospital for a few more days.

1) A : 수미가 나한테 언제 오라고 Did he say when Sumi wanted
      했대요?   me to come?
   B : 내일 오라고 했대요.   He said Sumi had said to come
                                        tomorrow.

2) A : 누나가 왜 나한테 먼저 밥 먹으라고 했대요?
   B : 누나가 오늘 늦는다고 먼저 먹으라고 했대요.

3) A : 민호가 언제 깨워 달라고 했대요?
   B : 내일 아침 6시에 깨워 달라고 했대요.

4) A : 언제까지 기다리라고 했대요?
   B : 10분만 기다리라고 했대요.

5) A : 철민씨 오늘 일찍 집에 돌아가야 된다고 했대요?
   B : 네, 일찍 돌아가야 된다고 했대요.

6) A : 영진씨 바빠서 오늘 못 온다고 했대요?
   B : 네, 그랬대요.

4. | - 보고 | - to (a person) |

-보고 is a dative particle and means "- to a person." It is only used in conversation and means the same as -에게 or -한테.

토마스씨보고 몸조리 잘 하라고   Please tell Thomas to take care
전해 주세요.   of himself for me.
아버지께서 나보고 신문 좀 가지고 오라고 하셨어요.
선생님이 나보고 공부 열심히 하라고 하셨어요.
수미가 나보고 자기 책 좀 갖다 달래.
할아버지께서 나보고 안경 좀 갖다 달라고 하셨어요.
저 사람보고 이리로 좀 오라고 해.

5. | - 아니면 | If not, or |

- 아니면 comes after a noun and expresses "if not".

1) A : 우리 오늘 저녁에 만날까?　　　Shall we meet tonight?
   B : 오늘 저녁은 안 돼.　　　　　　It's impossible tonight.
   　　내일 아니면 모레 만나자.　　　Let's meet tomorrow or the
   　　　　　　　　　　　　　　　　　　day after tomorrow.

2) A : 커피 드릴까요?
   B : 콜라 아니면 사이다 없어요?

3) A : 무슨 꽃을 살까?
   B : 장미 아니면 카네이션이 어때?

4) A : 사진을 누구한테 찍어 달라고 할까?
   B : 네 동생 아니면 형한테 찍어 달라고 해.

5) A : 수영하러 갈까요?
   B : 아니오, 탁구 아니면 볼링 쳐요.

6) A : 칼국수 먹을래요?
   B : 난 만두 아니면 김밥 먹을래요.

연 습

1. 본문을 읽고 대답하세요.

   1) 어제 모리씨는 어디 갔다왔어요?

   2) 누구하고 같이 갔다왔어요?

   3) 토마스씨는 많이 아파요?

   4) 토마스씨는 어떻게 하다가 다쳤대요?

   5) 토마스씨는 얼마나 더 병원에 있어야 한대요?

   6) 토마스씨는 왜 병원에 더 있어야 한대요?

7) 모리씨는 언제 또 병원에 갈 거예요?

8) 선생님이 모리씨한테 뭐라고 했어요?

2. '보기'와 같이 하세요.

―――〈보 기〉―――

　　모　리 : 어떻게 하다가 다쳤어요?
　　토마스 : 친구들이랑 농구 하다가 다쳤어요.
　　선생님 : 토마스씨가 어떻게 하다가 다쳤대요?
　　모　리 : 친구들이랑 농구 하다가 다쳤대요.

1) 영　진 : 어디 갔다왔어요?
　　수　잔 : 토마스씨 병문안 갔다왔어요.
　　모　리 : _____.
　　영　진 : _____.

2) 모　리 : 다친 사람이 누구예요?
　　영　진 : 토마스씨예요.
　　선생님 : _____.
　　모　리 : _____.

3) 모　리 : 수미씨 고향이 어디예요?
　　수　미 : 전주래요.
　　선생님 : _____.
　　모　리 : _____.

4) 모　리 : 그거 선생님 가방이에요?
　　선생님 : 네, 내 거예요.
　　영　진 : _____.
　　모　리 : _____.

5) 수미 : 저 사람이 이집 단골 손님이에요?
   주인 : 네, 매일 와요.
   영진 : _____.
   수미 : _____.

6) 수 미 : 어제 본 영화 제목이 뭐예요?
   영 진 : 들었는데 잊어버렸어요.
   선생님 : _____.
   수 미 : _____.

4. '보기'와 같이 하세요.

―――――――――〈 보 기 〉―――――――――
의사→토마스 : 며칠 더 병원에 계세요.
토마스→모리 : 의사선생님이 며칠 더 병원에 있으래.
모리→선생님 : 의사선생님이 토마스한테 며칠 더 병원에 있으라고
               했대요.

1) 수미→선영 : 내일 우리 집에 와.
   선영→영미 : 수미가 나한테 내일 자기집에 오래.
   영미→선생님 : _____.

2) 영진이 누나→아줌마 : 오늘 제가 좀 늦으니까 동생한테 먼저 밥 먹으
                        라고 하세요.
   아줌마→영진 : _____.
   영진→영호 : _____.

3) 민호→아줌마 : 창민이한테 내일 아침 6시에 깨워 달라고 해 주세요.
   아줌마→창민 : _____.
   창민→성민 : _____.

4) 수미→선영 : 정희한테 10분만 기다리라고 해.
   선영→정희 : _____.
   정희→경숙 : _____.

5) 영진→민호 : 창민이한테 내일 내 책 좀 갖다 달라고 해.
   민호→창민 : _____.
   창민→영호 : _____.

5. '보기'와 같이 하세요.

―――――――――――〈 보 기 〉―――――――――――

   토마스씨→나 : 몸조리 잘하세요.
   →토마스씨가 나보고 몸조리 잘하라고 했어요.

1) 아버지→나 : 신문 좀 가지고 와.
   →_____.

2) 선생님→영호 : 공부 열심히 하세요.
   →_____.

3) 수미→나 : 내 책 좀 갖다 줘.
   →_____.

4) 수미→선영 : 연필 좀 빌려 줘.
   →_____.

5) 할아버지→내 동생 : 몸조심 해라.
   →_____.

6) 어머니→나 : 일찍 들어 와.
   →_____.

6. 그림을 보고 이야기하세요.

1) A : 우리 오늘 저녁에 만날까?
   B : 오늘 저녁은 안돼. _____.

2) A : 커피 드릴까요?
　　B : _____ .

3) A : 무슨 꽃을 살까?
　　B : _____ .

4) A : 사진을 누구한테 찍어 달라고 할까?
　　B : _____ .

5) A : 뭐 먹을까?
　　B : _____ .

6) A : 어디 갈까?
　　B : _____ .

새단어

깨우다	to wake up	起こす
단골손님	customer, patron, client	お得意様, なじみの客
제목	title, subject, theme	題名
카네이션	carnation	カーネーション
탁구	ping-pong, table tennis	卓球
볼링	bowling	ボーリング
칼국수	noodles cut out with a kitchen knife	手打ちめん
만두	bun stuffed with seasoned meat and vegetables	ギョーザ, まんじゅう
김밥	rice rolled in a sheet of laver	のりまき
도봉산	Tobong-mountain	道峰山
북한산	Pukhan-mountain	北漢山

제 17 과   지난 주에 여행 갔다왔다면서?

모리 : 너희들 지난 주에 여행 갔다왔다면서?

영진 : 응, 어디서 들었니?

모리 : 어제 앨버트를 만났거든 앨버트가 그러더라.

영진 : 처음에는 앨버트하고 둘만 가려다가 앨버트가

      친구를 데리고 와서 같이 가게 됐어.

모리 : 그런데 말이야, 수잔 소식 들었니?

영진 : 무슨 소식?

모리 : 수잔이 미국으로 돌아간대.

영진 : 그럴 리가 없을텐데. IT CANNOT BE TRUE

지난주에 만났을 때 아무 얘기도 없던데.

모리 : 나도 여기서 계속 있을 줄 알았는데 갑자기 일이 생겼나 봐.

영진 : 그럼 우리 한번 meet 모여야지.

내일 저녁에 만날까?

모리 : 내일 저녁은 약속이 있어서 안 돼.

토요일 저녁 아니면 일요일에 만나자.

새단어

－다면서	Is it true?(*in the interrogative sentence*)	－なんだって
－거든	it's because－	－たのだけど
그러더라	I heard that－	－そう言うんだ
－(으)려다가	to intend to do something but change one's plan	
데리고 오다	to bring (a person) along	つれて来る
그런데 말이야	then	ところで
소식	news, tidings, information	消息, 知らせ
그럴리가 없을텐데	It can not be true	そんなはずはないと思うが
－던데	*retrospective ending*	回想 語尾
아무	any	何の
－(으)ㄹ 줄 알다	to expect that, to think that	－ると思っている, 考える
아니면	or	でなければ

기본문형

1. | - 다면서 / - 라면서 | Is it true? |

- 다면서 comes afetr a verb or an adjective, while - 라면서 comes after a noun. A speaker uses this expression when he wants to confirm a fact which he already knows.

1) A : 지난 주에 여행 갔다 왔다면서?
Is it true you went on a trip last week? I heard you went on a trip last week.

   B : 응, 어디서 들었니?
Yes, who told you about that?

2) A : 저 음식점 갈비탕이 맛있다면서?
   B : 응, 정말 맛있더라.

3) A : 저 연극 재미있다면서?
   B : 응, 정말 재미있어.

4) A : 저 사람이 가수라면서?
   B : 응, 정말 노래 잘하더라.

5) A : 저 사람이 너네 옆집에 산다면서? *live*
   B : 응.

6) A : 요새 하숙비가 비싸다면서?
   B : 응, 또 올랐어.

2. | - 거든 | It's because, you see |

- 거든 comes after a verb, an adjective or a noun. And a speaker uses this expression when he wants to explain the cause of a fact. It is used in a friendly atmosphere.

1) A : 우리가 여행 갔다왔다는 소리 어디서 들었니?
Who told you we went on a trip?

    B : 어제 앨버트를 만났거든,   I met Albert yesterday, you
        앨버트가 그러더라.   see. He told about it.

2) A : 내가 어제 극장에 갔거든. 그런데 수미도 친구랑 같이 왔더라.
    B : 수미도 어제 영화 보러 간다고 했어.

3) A : 내가 다음 주에 미국에 가거든. 앞으로 못 만날거야.
    B : 자주 편지해.

4) A : 애가 내 동생이거든. 나랑 닮았니?
    B : 응, 많이 닮았어.

5) A : 내일 우리 집에 놀러 올래?
    B : 내일이 우리 어머니 생신이시거든. 다음에 갈게.

6) A : 안색이 안 좋아 보여.
    B : 좀 아팠거든.

3. | －려다가 // to intended to do something, but

  －려다가 comes after an active verb and expresses the intention of a former act which was not carried out. Thus, it is the compound form of －려고 which expresses an intended act and －다가 which expresses the discontinuation of one act and the carrying on of another.

처음에는 두사람만 가려다가　　　　At first, only two people were
다른 친구들도 함께 갔어요.　　　　going to go but then some other
　　　　　　　　　　　　　　　　friends also went along(with them).

전화로 말하려다가 편지를 썼어요.
콜라를 마시려다가 우유를 마셨어요.
화를 내려다가 그냥 참았어요.
영화를 보려다가 그냥 집에 왔어요.
편지를 쓰려다가 전화했어요.

4. - (으)ㄹ텐데 / - (이)ㄹ텐데 // It will be

- (으)ㄹ텐데 comes after a verb or an adjective and - (이)ㄹ텐데 comes after a noun. This expression is used when the speaker is worried or not sure of something.

1) A : 수잔이 미국으로 돌아간대.   I heard that Susan will go back to America.
   B : 그럴 리가 없을텐데.   It can't be true.
2) A : 배가 고플텐데 라면이라도 드세요.
   B : 고맙습니다.
3) A : 저쪽으로 갈까요?
   B : 저쪽은 길이 미끄러울텐데요. (slippy)
4) A : 저 사람이 영진씨 동생일텐데 영진씨를 찾나 봐요.
   B : 영진씨는 아마 교실에 있을 거예요.
5) A : 버스 타고 갈까요?
   B : 사람이 많을텐데 택시 타요.
6) A : 비빔냉면 먹을래요.
   B : 매울텐데 괜찮겠어요?

5. - 던데

- 던데 comes after a verb or an adjective and expresses a retrospection or information of the preceding clause. So this expression is not used with the first person subject.

1) A : 수잔씨가 아무 얘기도   Didn't Susan say anything?
      안 해요?
   B : 아무 얘기도 없던데요.   No, she said nothing.
2) A : 민호씨가 배가 고프대요.
   B : 조금전에 점심을 먹던데 벌써 배가 고프대요?

3) A : 사장님이 굉장히 화가 나셨던데 무슨 일이 있었어요?
   B : 잘 모르겠어요.
4) A : 어제 신은 운동화 참 예쁘던데 어디서 샀어요?
   B : 학교 앞에 있는 가게에서 샀어요.
5) A : 수미씨 못 봤어요?
   B : 저기서 얘기하고 있던데요.
6) A : 어제 텔레비전에서 재미있는 영화 하던데 봤어요?
   B : 아니오, 못 봤어요.

6. – 줄 알다 / 모르다   I expected that / I didn't think that

– 줄 알다 / 모르다 comes after a verb or an adjective and expresses an expectation or presupposition of something.

1) A : 수잔이 미국에 간다면서요?   I heard that Susan is going back to America, is it true?
   B : 여기에 계속 있을 줄 알았는데 다음 주에 간대요.   I thought that she would be staying here for a while, but she said she would be leaving next week.

2) A : 내가 지금 집에 가는 줄 아니?
   B : 그럼 집에 안 가고 어디 가세요?
3) A : 나는 네가 부산에 간 줄 알았어.
   B : 내일 갈 거예요.
4) A : 나는 수미씨가 그렇게 바쁜 줄 몰랐어요.
   B : 매일 12시까지 일한대요.
5) A : 그 영화 그렇게 재미있을 줄 몰랐어요.
   B : 그래요?
6) A : 저 아이 저렇게 까불 줄 몰랐어요.
   B : 어린아이들은 다 그래요.

연 습

1. '보기'와 같이 하세요.

> 〈보 기〉
>
> 선영→수미 : 어제 정희하고 수영장에 갔었어.
> 수미 : 어제 선영이하고 수영장에 갔다면서?
> 정희 : 응, 날씨가 너무 더워서.

1) 정희→수미 : 선영이하고 지난 주에 여행 갔다왔어.
   수미 : _갔다왔다면서?_
   선영 : _____.

2) 정희→수미 : 저 음식점 갈비탕이 맛있어.
   수미 : _맛있다면서?_
   선영 : _____.

3) 정희→수미 : 저 연극 재미있어.
   수미 : _재미있다면서?_
   선영 : _____.

4) 정희→수미 : 저 사람이 가수야.
   수미 : _가수라면서?_
   선영 : _____.

5) 정희→수미 : 선영이하고 수영 배우러 다녀.
   수미 : _다닌다면서?_
   선영 : _____.

6) 정희→수미 : 선영이하고 어제 영화 봤어.
   수미 : _봤다면서?_
   선영 : _____.

2. '보기'와 같이 바꿔서 말해 보세요.

─────────────⟨ 보   기 ⟩─────────────
A : 애가 내 동생이야. 나랑 닮았니?
B : 응, 많이 닮았어.
→ A : 애가 내 동생이거든, 나랑 닮았니?
　　 B : 응, 많이 닮았어.

1) A : 우리가 여행 갔다왔다는 소리 어디서 들었니?
　　B : 어제 앨버트를 만났어. 앨버트가 그러더라.
2) A : 내가 어제 극장에 갔어. 그런데 수미도 친구랑 같이 왔더라.
　　B : 수미도 어제 영화 보러 간다고 했어.
3) A : 내가 다음 주에 미국에 가. 앞으로 못 만날거야.
　　B : 자주 편지해.
4) A : 애가 나랑 제일 친한 친구야.
　　B : 얘기 많이 들었어요.
5) A : 어제 학교에서 축제가 있었어.
　　B : 재미있었니?
6) A : 피곤하니?
　　B : 어제 밤에 잠을 잘 못 잤어.

3. 그림을 보고 문장을 만드세요.

─────────────⟨ 보   기 ⟩─────────────
처음에는 두사람만 가려다가
다른 친구들도 함께 갔어요.

1)

2)

3)

4)

5)

6)

4. '-(으)ㄹ텐데 / -(이)ㄹ텐데'를 이용해서 이야기 하세요.

　1) A : 수잔이 미국으로 돌아간대.
　　　B : 그럴 리가 없어요.
　2) A : 배가 고프지요? 라면이라도 드세요.
　　　B : 고맙습니다.
　3) A : 저쪽으로 갈까요?
　　　B : 저쪽은 길이 미끄러울 거예요.
　4) A : 저 사람이 영진씨 동생일 거예요. 영진씨를 찾나 봐요.
　　　B : 영진씨는 아마 교실에 있을 거예요.
　5) A : 바쁘시지요? 와 주셔서 고맙습니다.
　　　B : 뭘요.
　6) A : 아마 자고 있을 거예요. 깨울까요?
　　　B : 그냥 놔 두세요.

5. '-던데'를 이용해서 이야기 하세요.

　1) A : 수잔씨가 아무 얘기도 안해요?
　　　B : 아무 얘기도 없었어요.
　2) A : 민호씨가 배가 고프대요.
　　　B : 조금전에 점심을 먹었어요. 그런데 벌써 배가 고프대요?
　3) A : 사장님이 굉장히 화가 나셨어요. 그런데 무슨 일이 있었어요?
　　　B : 잘 모르겠어요.
　4) A : 어제 신은 운동화 참 예뻤어요. 그런데 어디서 샀어요?
　　　B : 학교 앞에 있는 가게에서 샀어요.
　5) A : 수미씨 못 봤어요?
　　　B : 은행 앞에서 철민씨하고 얘기하고 있었어요.
　6) A : 어제 저 가게에서 딸기 샀지요? 맛있었어요?
　　　B : 네 괜찮았어요.

6. '- 줄 알다 / 모르다'를 이용해서 이야기 하세요.

  1) A : 수잔이 미국에 간다면서요?
     B : _____.
  2) A : _____.
     B : 그럼 집에 안 가고 어디 가세요?
  3) A : _____.
     B : 내일 갈 거예요.
  4) A : _____.
     B : 매일 12시까지 일한대요.
  5) A : 많이 아파요?
     B : _____.
  6) A : 이 책 너무 비싸죠?
     B : _____.

새단어

하숙비	boarding fee, the charge for board and lodging	下宿代
오르다	to rise, to go up, to advance	上る, 上昇する
닮다	to be like, to resemble, to take after	似る
생신	birthday	誕生日(敬語)
안색	complexion, color of the face	顔色
그냥	without doing anything, just	そのまま
참다	to have patience, to put up with, to tolerate	がまんする
미끄럽다	be slippery, be oily, be sleek	つるつるしている
비빔냉면	mixed noodles with assorted vegetables	まぜ冷麺
까불다	to joke with, to act carelessly	ふざける, 輕々しくふるまう
놔 두다	to leave alone, to let it be	放っておく, そのままにする

제 18 과 아프신데도 할 수 있겠습니까?

강수지 : 여보세요. 여의도입니다.

김기자 : 여보세요. 거기가 가수 강수지씨 댁이죠?

강수지 : 네, 그런데요.

김기자 : 저는 동아일보 기자 김윤식이라고 합니다.
    강수지씨 계시면 좀 바꿔 주세요.

강수지 : 전데요. 그런데 무슨 일이세요?

김기자 : 다른 게 아니라 이번 콘서트 때문에 전화했는데, 아프신데도 할 수 있겠습니까?
    연기를 하거나 취소할 계획은 없으신지요?

강수지 : 하기는 해야죠. 그래서 연기하기로 했어요.

김기자 : 네, 그랬군요. 언제 하기로 하셨죠?

강수지 : 석 달 후 첫번째 토요일이에요.

별로 심하게 다치지도 않았는데 그냥 할 걸 그랬어요.

김기자 : 그래도 조심하셔야죠.

강수지씨, 그럼 몸조리 잘 하시고 안녕히 계세요.

새단어

가수	singer, professional singer	歌手
동아일보	Tonga-Daily(Newspaper)	東亞日報
기자	journalist, newsman, reporter	記者
다른 게 아니라	for no other reason than, not something else but –	ほかでもありませんが, 実は
콘서트	concert	コンサート
-(으)ㄴ데도	in spite of	－なのに, －にもかかわらず
연기하다	to postpone, to put off	延期する
취소하다	to cancel, to retract	取消する
계획	project, plan, intention	計画
-기는 하다	should be done	－するには する
그냥	without doing anything, just	ただ, そのまま
-(으)ㄹ 걸(그랬다)	should have (+ *past participle*)	-(し)たら 良かった
몸조리	take care of health, look after one's self	養生, 健康管理

165

기본문형

1. | 다른 게 아니라 | for no other reason than |

It means "for no other reason than" and this expression is used at the beginning of a conversation.

1) A : 다른 게 아니라, 이번 콘서트 아프신데도 할 수 있겠습니까?   It's nothing else but do you think you can give a concert in spite of your illness?
   B : 네, 할 수 있어요.   Yes, I can.
2) A : 웬일로 전화 하셨어요?
   B : 다른 게 아니라 내일 시간 있으세요?
3) A : 왜 날 찾았니?
   B : 다른 게 아니라 용돈 좀 주세요.
4) A : 무슨 일이세요?
   B : 다른 게 아니라 전화 좀 써도 될까요?
5) A : 무슨 일이세요?
   B : 다른 게 아니라 내일 제 책 좀 갖다 주세요.
6) A : 무슨 일이세요?
   B : 다른 게 아니라 이 짐 좀 잠깐 봐 주세요.

2. | - ㄴ데도 | in spite of |

This expression comes after a verb or an adjective and means "in spite of". Thus the following sentence states an unexpected result.

1) A : 이번 콘서트 아프신데도 할 수 있겠습니까?   Can you give a concert in spite of your illness?
   B : 네, 괜찮아요.   Yes, I can. I'm fine.

2) A : 저 사람 농구 참 잘 하는 것 같아요.
   B : 네, 키가 작은데도 아주 잘해요.
3) A : 바쁘신데도 와 주셔서 감사합니다.
   B : 당연히 와야죠.
4) A : 일요일인데도 회사에 나가세요?
   B : 네, 일이 있어서요.
5) A : 졸려요?
   B : 네, 하루종일 잤는데도 졸려요.
6) A : 또 먹어요?
   B : 아까 먹었는데도 배가 고파요.

3. | -기는 하다 / -기는 -다 | to have to do something but, something should be done but |

This expression comes after a verb and means "to admit something should be done, but".

1) A : 이번 콘서트 아프신데도 할 수 있겠습니까?   Can you give a concert in spite of your illness?
   B : 하기는 해야죠.   But, I admit I have to do that.
2) A : 안 잘 거예요?
   B : 자기는 자야죠. 그런데 잠이 안 와요.
3) A : 학교에 안 갈 거니?
   B : 가기는 갈 거예요. 그런데 가기 싫어요.
4) A : 술 많이 마셨어요?
   B : 마시기는 마셨는데 안 취했어요.
5) A : 뭐 샀어요?
   B : 아니오, 사기는 사야 할텐데 뭘 사죠?
6) A : 컴퓨터 아직 안 고쳤어요?
   B : 고치기는 했는데 또 고장인가 봐요.

4.

| -(으)ㄹ 걸(그랬다) | I wish I had done something, but I didn't |

This expression comes after an active verb and means "I wish I had done something, but I didn't". This expression is used when the speaker expresses regret.

1) A : 별로 심하게 다치지도 않았는데 그냥 할 걸 그랬어요.
   B : 그래도 조심하셔야죠.

   I wish I had done it. I was not that seriously hurt. But, it's better to be careful.

2) A : 길이 많이 막혔나 보죠?
   B : 네, 지하철 타고 올 걸 그랬어요.

3) A : 너무 늦었죠?
   B : 네, 밥을 미리 먹을 걸 그랬어요.

4) A : 시험 잘 못 봤어요?
   B : 네, 공부 좀 할 걸 그랬어요.

5) A : 차표가 없어요?
   B : 네, 미리 예매할 걸 그랬어요.

6) A : 아무도 없어요?
   B : 네, 전화하고 올 걸 그랬어요.

연 습

1. 본문을 읽고 대답하세요.

   1) 강수지씨는 집이 어디예요?

   2) 강수지씨는 직업이 뭐예요?

   3) 누가 강수지씨한테 전화했어요?

4) 무슨 일로 전화했어요?

5) 강수지씨는 왜 연기했어요?

6) 그래서 언제 하기로 했어요?

7) 강수지씨는 심하게 다쳤어요?

8) 김기자는 뭐라고 하면서 전화를 끊었어요?

2. '보기'와 같이 하세요.

```
┌─────────────〈보  기〉─────────────┐
│                                    │
│    A : 무슨 일이세요?               │
│    B : 이 짐 좀 잠깐 봐 주세요.     │
│                                    │
│  → A : 무슨 일이세요?               │
│    B : 다른 게 아니라 이 짐 좀 잠깐 봐 주세요. │
│                                    │
└────────────────────────────────────┘
```

1) A : 무슨 일이세요?
   B : 이번 콘서트 할 수 있겠습니까?
2) A : 무슨 일이세요?
   B : 내일 시간 있으세요?
3) A : 무슨 일이세요?
   B : 돈 좀 빌려 주세요.
4) A : 무슨 일이세요?
   B : 전화 좀 써도 될까요?

5) A : 무슨 일이세요?

　　B : 내일 제 책 좀 갖다 주세요.

6) A : 무슨 일이세요?

　　B : 이 짐 좀 잠깐 봐 주세요.

3. '보기'와 같이 하세요.

―――――〈보　기〉―――――

A : 또 먹어요?

B : 아까 먹었어요. 그런데도 배가 고파요.

→ A : 또 먹어요?

　 B : 아까 먹었는데도 배가 고파요.

1) A : 아프시지요? 그런데도 할 수 있겠습니까?

　　B : 네, 괜찮아요.

2) A : 저 사람 농구 참 잘 하는 것 같아요.

　　B : 네, 키가 작아요. 그런데도 아주 잘해요.

3) A : 바쁘시지요? 그런데도 와 주셔서 감사합니다.

　　B : 당연히 와야죠.

4) A : 오늘 일요일이에요. 그런데도 회사에 나가세요?

　　B : 네, 일이 있어서요.

5) A : 졸려요?

　　B : 네, 하루종일 잤어요. 그런데도 졸려요.

6) A : 철민씨 아직도 안 왔어요?

　　B : 집에서 한 시간 전에 떠났어요. 그런데도 아직 안 왔어요.

4. '보기'와 같이 하세요.

〈보 기〉

A : 학교에 안 갈 거니?

B : 가기는 갈 거예요. 그런데 가기 싫어요.

---

1) A : 이번 콘서트 아프신데도 할 수 있겠습니까?
   B : _____ .
2) A : 안 잘 거예요?
   B : _____ .
3) A : 편지 안 쓸 거예요?
   B : _____ .
4) A : 술 많이 마셨어요?
   B : _____ .
5) A : 뭐 샀어요?
   B : _____ .
6) A : 컴퓨터 아직 안 고쳤어요?
   B : _____ .

5. 후회를 하는 말로 대답해 보세요.

1) A : 다리가 아프세요?
   B : _____ .
2) A : 길이 많이 막혔나 보죠?
   B : _____ .
3) A : 너무 늦었죠?
   B : _____ .
4) A : 시험 잘 못 봤어요?
   B : _____ .

5) A : 차표가 없어요?
   B : _____ .

6) A : 아무도 없어요?
   B : _____ .

새단어

당연히	as a matter of course, take something for granted	当然
고치다	to repair, to fix up	修理する, 直す
고장	break down, out of order	故障
차표	railroad(bus, streetcar) ticket	乗車券
예매	advance purchase, reservation	前売り

제 19 과 | 배가 아프단 말이에요

재 선 : '어, 밖에 비가 오네.

　　　　몇 시나 됐을까?

　　　　벌써 7시네. 아이, 일어나기 귀찮아.

　　　　차라리 아파서 누워 있는 게 낫겠다.'

어머니 : 재선아, 뭐 하니, 세수하고 밥 먹어야지.

재 선 : 엄마, 오늘 저 학교에 못 가겠어요.

　　　　배가 아프단 말이에요.

어머니 : 그래, 많이 아프니? *STARVE*

　　　　배 아픈데는 굶는 게 제일이지.

　　　　이왕 굶는 김에 오늘 하루는 아무 것도 먹지 마라.

재　선 : '엄마가 내가 아픈 척 하는 것을 눈치챌까 봐 걱정했는데 정말 모르시나 봐.'

어머니 : 재선아, 그럼 집 좀 보고 있어.

　　　　교회 갔다 올테니.

재　선 : '어, 그러고 보니 오늘 일요일이잖아.'

새단어

꾀병	pretended sickness, fake sickness	仮病
차라리 – 는 게 낫겠다	to do one thing will be better than to do the other thing	むしろ(いっそ) – の方が良い
말이다	I said that	
이왕	if so, if that is the case	どうせ, せっかく
– 는 김에	anyway since, incidental to the occasion of	– の ついでに
– (으)ㄴ 척 하다	to pretend to, to feign, to fake	– の ふりをする
눈치채다	to become aware of (a person's intention, motive, design) to get a hint	気づく, かぎつける
– (으)ㄹ까 봐 걱정하다	I wonder, I am afraid, to worry	– か 心配する
(집) 보다	to look after (a house while a person is away)	留守番する
그러고 보니	on the evidence of that, judging from that	そういえば

기본문형

1. 차라리 – 는 게 낫겠다 // It will be better than

This expression is used with a verb and means "it will be better than".

1) A : 학교 가는 것보다 차라리 아파서 누워 있는 게 낫겠어요.
   B : 무슨 소리예요? 빨리 가세요.

   It's better being sick in bed than going to school.
   What do you mean? Hurry up and go.

2) A : 소화가 안 되세요?
   B : 네, 차라리 굶는 게 낫겠어요.

175

3) A : 지하철 안에 사람이 너무 많죠.
   B : 네, 차라리 버스를 타는 게 낫겠어요.
4) A : 밖에 나가서 영화나 볼까요?
   B : 차라리 집에서 쉬는 게 낫겠어요.
5) A : 그 운동화 불편해요?
   B : 네, 차라리 구두 신는 게 낫겠어요.
6) A : 바람이 너무 불어요.
   B : 차라리 우산을 접는 게 낫겠어요.

2. | 말이다 | I mean, do you mean?, uh |

This expression has the following four usages.

(a) After a noun it expresses a repitition of that part of the sentence.

(b) In the interrogative sentence, it expresses reconfirmation.

(c) As a conjunction is meaningless and is used out of habit.

(d) In the quoted sentense after the suffixes '- 나, - 냐, - 라, - 자' '- 고 하는' is added and expresses a repetition of the contents of the reported sentense or in an interrogative sentence expresses reconfirmation In conversation '- 고 하는' is omitted and the remaining '- ㄴ다' is used only.

1) A : 왜 밥을 안 먹니?   A : Why aren't you eating?
   B : 배가 아프단 말이에요.   B : I said my stomach hurts.
2) A : 저 사람 영진씨 친구죠?
   B : 누구 말이에요?
3) A : 아침에 말이에요, 김선생님이 왔다가셨어요.
   B : 네, 그랬어요?
4) A : 오늘 저녁에 아버지 친구 분들이 오신대.
   B : 오늘 저녁에 오신단 말이에요?

5) A : 버스 타고 가요.
   B : 시간도 없는데 버스를 타잔 말입니까?
6) A : 걸어서 올라 가세요.
   B : 6층까지 걸어서 올라가란 말입니까?

3. | -는 김에 // anyway, since that, on the spur of |

This expression is used with an active verb and expresses the chances of the following sentence happening.

1) A : 오늘 저녁도 먹지 말아요?   Should I not eat dinner tonight also?
   B : 이왕 굶는 김에 오늘 하루는   Since you are fasting any-
       아무 것도 먹지 마라.   way, don't eat anything today.
2) A : 우체국에 갈 건데 뭐 부탁할 거 없어요?
   B : 가는 김에 이 편지 좀 부쳐 줘요.
3) A : 뭐 할까요?
   B : 오랜만에 시내에 나온 김에 영화나 보고 가자.
4) A : 김선생님 요새 어떻게 지내세요?
   B : 생각난 김에 김선생님께 전화나 해 볼까요?
5) A : 영진씨 만나러 갈까요?
   B : 이왕 만나는 김에 창민씨도 같이 만나죠.
6) A : 제 전화번호 써 드릴까요?
   B : 이왕 쓰는 김에 주소도 써 주세요.

4. | -ㄴ 척 하다 // to pretend |

This expression comes after a verb or an adjective and means "to pretend".

1) A : 아픈 척 하지 마세요.　　A : Do not pretend to be sick.
   B : 아니에요. 정말 아파요.　B : I'm not. I really am sick.
2) A : 왜 저 사람을 싫어해요?
   B : 너무 잘난 척 해서 싫어요.　　FAIL
3) A : 수미씨 취직 시험 떨어졌어요?
   B : 네. 난 알고도 모르는 척 했어요.
4) A : 어제 기분 나빴어요?
   B : 일부러 기분 좋은 척 했지만 사실 기분이 나빴어요.
5) A : 자는 척 하지 마.
   B : 아니에요. 막 일어나려고 했어요.
6) A : 왜 어제 나보고 못 본 척 하고 지나갔어요?
   B : 수미씨가 남자친구하고 같이 걸어가서요.

5. | -(으)ㄹ까 봐 | I wonder, I am afraid |

This expression comes after a verb or an adjective and expresses the subject's anxiety or worry.

1) A : 아픈 척 하는 것을 눈치챌까　I was afraid that my mother
      봐 걱정했어요.　　　　　　　would become aware that
                                    I was faking sickness.
   B : 괜찮아. 엄마는 모르시는　　Don't worry, it seems that
      것 같아.　　　　　　　　　　your mother doesn't know
                                    about that.

2) A : 조용조용 말하세요.
   B : 아기 깰까 봐 그러세요?
3) A : 왜 이렇게 조금 줘요?
   B : 살 찔까 봐 걱정이 되어서 그래요.
4) A : 왜 절 불렀어요?
   B : 차비가 없을까 봐 차비 주려고요.

5) A : 왜 이렇게 일찍 자요?
   B : 내일 늦게 일어날까 봐.
6) A : 왜 그렇게 천천히 가요?
   B : 사고날까 봐 그래요.

연 습

1. 본문을 읽고 대답하세요.

   1) 재선이가 일어났을 때 날씨가 어땠어요?

   2) 재선이는 몇 시에 일어났어요?

   3) 재선이는 곧장 자리에서 일어났어요?

   4) 재선이는 차라리 어떻게 하는 게 낫겠다고 생각했어요?

   5) 어머니가 재선이한테 세수하고 밥 먹으라고 할 때 재선이는 뭐라고 했어요?

   6) 어머니는 그래도 밥을 먹으라고 하셨어요?

   7) 어머니는 재선이가 아픈 척 하는 것을 눈치채셨어요?

   8) 재선이는 오늘이 일요일인 것을 어떻게 알았어요?

2. '보기'와 같이 하세요.

> 〈보 기〉
>
> A : 소화가 안 되세요?
> B : 네, 굶을래요.
>
> → A : 소화가 안 되세요?
>   B : 네, 차라리 굶는 게 낫겠어요.

1) A : 학교 안 가요?
   B : 아파서 누워 있을래요.
2) A : 커피가 왜 이렇게 안 오죠?
   B : 집에 가서 마실래요.
3) A : 지하철 안에 사람이 너무 많죠?
   B : 네, 버스를 타요.
4) A : 밖에 나가서 영화나 볼까요?
   B : 집에서 쉬어요.
5) A : 그 구두 불편해요?
   B : 네, 운동화 신을래요.
6) A : 바람이 너무 불어요.
   B : 우산을 쓰지 말아요.

3. '-말이다'를 사용해서 말하세요.

> 〈보 기〉
>
> A : 걸어서 **올라가세요.**
> B : 6층까지 걸어서 올라가란 말입니까?

1) A : 왜 밥을 안 먹니?
   B : 배가 아파요.
2) A : 저 사람 영진씨 친구죠?
   B : 누구요?
3) A : 아침에 김선생님이 왔다가셨어요.
   B : 네. 그랬어요?
4) A : 오늘 저녁에 아버지 친구분들이 오신대.
   B : 오늘 저녁에 오세요?
5) A : 버스 타고 가요.
   B : 시간도 없는데 버스를 타요?
6) A : 매일 아침 운동을 하세요.
   B : 매일 아침 운동을 해요?

4. '-는 김에'를 이용해 이야기를 완성하세요.

<보 기>

A : 일본 갔다왔어요?
B : 네, 간 김에 친구들 많이 만나고 왔어요.

1) A : 오늘 저녁 외식할까요?
   B : _____ .
2) A : 우체국에 갈 건데 뭐 부탁할 거 없어요?
   B : _____ .
3) A : 뭐 할까요?
   B : _____ .
4) A : 김선생님 요새 어떻게 지내세요?
   B : _____ .

5) A : 영진씨 만나러 갈까요?
   B : _____ .
6) A : 짐 들어 드릴까요?
   B : _____ .

5. '보기'와 같이 하세요.

───〈보 기〉───
A : 자는 척 하지 마.
B : 아니에요. 막 일어나려고 했어요.

1) A : _____ .
   B : 아니에요. 정말 아파요.

2) A : 왜 저 사람을 싫어해요?
   B : _____ .

3) A : 수미씨 취직 시험 떨어졌어요?
   B : _____ .

4) A : 어제 기분 나빴어요?
   B : _____ .

5) A : _____ .
   B : 아니에요. 정말 취했어요.

6) A : _____ .
   B : 수미씨가 남자친구하고 같이 걸어가서요.

6. '-(으)ㄹ까 보다'를 이용해 이야기 하세요.

─〈보 기〉─

A : 아픈 척 하는 것을 눈치챌까 봐 걱정했어요.
B : 괜찮아. 엄마는 모르시는 것 같아.

1) A : 내일 시험이에요.
   B : _____ .
2) A : 조용조용 말하세요.
   B : _____ .
3) A : 왜 이렇게 조금 줘요?
   B : _____ .
4) A : 왜 절 불렀어요?
   B : _____ .
5) A : 왜 이렇게 일찍 자요?
   B : _____ .
6) A : 왜 그렇게 천천히 가요?
   B : _____ .

새단어

소화가 되다	to digest	消化がされる
잘나다	be distinguished, be excellent	偉い, 優れている
취직	employment, getting a job	就職
떨어지다	to fail, to lose	落ちる
막	just, just at the moment	ちょうど, たった今
살 찌다	to gain weight, to grow fat	ふとる
차비	travel expense	車(タクシー, 電車等の)料金
사고 나다	happening of an accident	事故が起こる

제 20 과 　 복 습 Ⅵ

1. 어제는 눈이 아주 많이 왔습니다. 그래서 길이 아주 미끄러웠습니다. 영미는 아침에 집에서 나오다가 미끄러져서 다리를 다쳤습니다. 그래서 학교에 갈 수 없었습니다. 그래서 같은 과 친구인 진우씨에게 전화를 걸어서 이야기를 했습니다. 진우씨가 학교에 와서 선생님께 이야기 합니다.

    선생님 : 영미씨 오늘 학교에 안 왔어요?
    진　우 :
    선생님 :
    진　우 :
    선생님 :
    진　우 :

2. 영진이는 고려대학교 학생입니다. 영진이의 고향은 대구입니다. 그래서 학교 근처에서 하숙을 하고 있습니다. 지금은 친구 민호하고 둘이 같이 한 방을 쓰고 있습니다. 지금 살고 있는 하숙집은 음식도 맛이 있고 학교 근처라서 편하지만 두 사람이 한 방을 쓰는 것은 불편합니다. 그래서 학교에서 좀 멀지만 혼자 쓰는 방으로 이사하려고 합니다. 오늘 영진이는 다른 친구 성욱이에게 이 이야기를 했습니다. 민호하고 성욱이가 학교에서 만났습니다.

    민호 : 영진이가 하숙 옮긴다면서?
    성욱 :
    민호 :
    성욱 :
    민호 :
    성욱 :

3. 기철씨는 회사원입니다. 이번 일요일에 친구들과 낚시를 하러 가기로 했습니다. 그런데 갑자기 회사에 일이 생겨서 못 가게 되었습니다. 철민씨는 꼭 가고 싶습니다. 그래서 친구에게 전화를 해서 다음 주말에 가자고 하려고 합니다.

   기철 : 여보세요. 거기 종호네 집이죠?
   종호 :
   기철 :
   종호 :
   기철 :
   종호 :
   기철 :

4. 재민이는 열흘 전에 용돈을 받았습니다. 그런데 벌써 다 써 버렸습니다. 그래서 어머니께 다시 돈을 타야합니다. 그래서 어머니께 친구에게 빌려 줬다고 거짓말을 하기로 했습니다.

   재 민 : 어머니,
   어머니 :
   재 민 :
   어머니 :
   재 민 :
   어머니 :
   재 민 :

5. 어떻게 하시겠습니까
   며칠 전에 세탁기가 고장났습니다. 수리점에 전화를 했는데 그 사람들은 오늘 오전 11시까지 오겠다고 했습니다. 그래서 오전 내내 기다렸습니다. 그런데 그 사람들은 오지 않았습니다.

6. 그림을 보고 이야기 하세요.

색 인

숫자	→	각 과
본	→	본문
기	→	기본문형
연	→	연습
( )	→	페이지

ㄱ

가루약	9본	(85)
가수	18본	(175)
갑	8기	(83)
갑자기	6본	(47)
갖고 가다	8본	(71)
갖다 주다	2기	(22)
같다	4본	(36)
같은	13본	(119)
갚다	14본	(131)
개구장이	6기	(55)
– 거른	17본	(154)
– 거든요	6본	(47)
거스름돈	8본	(71)
걱정	4본	(36)
걱정하다	19본	(175)
검사하다	16본	(143)
– 게 되다	4본	(36)
경치	14연	(138)
계산하다	7기	(68)
계획	18본	(165)
고르다	7기	(68)
고생하다	2본	(14)
고장	18기	(172)
고치다	18기	(172)
곱슬거리다	7본	(60)
공연	12기	(116)
굉장히	1본	(2)
교과서	1기	(12)
구름이 끼다	4기	(36)
구하다	4연	(43)
국화	2기	(22)
권하다	3연	(33)
귀	7본	(60)
귀찮게 하다	9기	(92)
귀찮다	9기	(92)
그 동안 어떻게 지냈어요?	1본	(2)
그냥	12기	(116)
그대로	7본	(60)
그랬다	1기	(12)
그러고 보니	19본	(175)
그러더라	17본	(154)
그런데 말이야	17본	(154)
그럴 리가 없을 텐데	17본	(154)
그만	8기	(82)
글쎄 말이야	12본	(108)
급히	1기	(11)
– 기는	11본	(97)
– 기는 하다	18본	(165)
– 기는요	8본	(71)
기르다	3연	(33)
기뻐하다	3기	(32)
기자	18본	(165)
기회	11본	(97)
길이 막히다	6기	(56)
김밥	16기	(152)
까불다	17기	(163)

깎다	7본	(59)
깎다	8본	(71)
깜빡	1기	(12)
깨우다	16기	(152)
껍데기	1기	(11)
꼭	2기	(22)
꼭대기	12기	(116)
꼼짝도 안 하다	11기	(106)
꾀병	19본	(175)
끓이다	8본	(71)
끼다	3기	(32)

ㄴ

- 나 보다	1본	(2)
나를	8기	(82)
나오다	7본	(60)
날씬하다	3연	(33)
남편	6본	(47)
낫다	3연	(33)
내내	3기	(32)
내다	2연	(22)
내일은 해가 서쪽에서 뜨겠다		
	12본	(108)
너댓	13기	(129)
넘어지다	13기	(129)
- 네요	9본	(86)
놓치다	11본	(97)
놔 두다	17연	(163)
누구든지	4기	(42)
눈물이 나오다	7기	(68)
눈이 붓다	12연	(117)
눈치 채다	19본	(175)
- 느라고	1본	(2)
- 는 게 좋겠다	9본	(86)
- 는 김에	19본	(175)
놀다	4본	(36)

ㄷ

- 다고 하다	14본	(131)
다듬다	7본	(59)
다르다	7기	(68)
다른 게 아니라	18본	(165)
- 다면서	17본	(154)
다치다	4기	(42)
단	8본	(71)
단골손님	16기	(152)
닮다	4연	(43)
담배연기	2기	(22)
답답하다	9본	(85)
당분간	4연	(42)
당연히	18기	(172)
대구	8본	(71)
대신(에)	2본	(14)
대여섯	13기	(129)
- 대요	16본	(143)
- 더라	11본	(97)
- 던데	17본	(154)
데	3기	(32)
데려가다	13본	(119)
데리고 오다	17본	(154)

-도 한 번 못하다	1본	(2)	-만에	13본	(119)
도봉산	16기	(152)	-만큼	8본	(72)
(돈이) 들다	13본	(129)	많이 파세요	8	(71)
동아일보	18본	(165)	-말고	3본	(24)
두다	7본	(60)	말다	13기	(129)
두세	13기	(129)	말리다	7본	(60)
드라이	7본	(60)	말을 안 듣다	2연	(22)
-든지	4본	(36)	말이다	19본	(175)
듣다	1기	(12)	맞다	3본	(24)
들르다	31본	(120)	매다	3기	(32)
들여오다	8본	(71)	(머리를) 감다	7본	(60)
딱 맞다	3연	(33)	-면 좋겠다	3본	(24)
딴	3기	(32)	면도	7본	(70)
딸기	1기	(11)	모르다	7기	(68)
땅	1기	(11)	모양	7본	(60)
때문에	2본	(14)	목	2기	(22)
떡볶이	8기	(82)	목이 쉬다	7기	(68)
떨어지다	19기	(184)	몸조리	16본	(143)
			무	8본	(72)
ㄹ			무스	7본	(60)
-라고 했대요(?)	16본	(143)	물어 보다	6본	(47)
(라디오를) 틀다	12연	(117)	뭐	1기	(12)
-래요(?)	16본	(143)	뭐든지	4기	(42)
르 불규칙	7본	(60)	미끄럽다	17기	(163)
			미나리	8본	(71)
ㅁ			민속촌	13본	(119)
-마다	8연	(82)			
마음에 들다	2기	(22)	**ㅂ**		
막	19기	(184)	바깥	1연	(12)
만두	16기	(152)	바르다	7본	(60)

바위	4연	(42)	사무실	2연	(22)
반가워하다	14기	(138)	사촌	13본	(119)
반짝반짝하다	3기	(33)	사흘	4연	(42)
받다	8본	(71)	살 찌다	19기	(184)
밟다	4연	(43)	살이 빠지다	1연	(12)
밤을 새우다	9기	(92)	상관없다	11본	(97)
(밥이) 질다	4연	(42)	새로	12기	(116)
배달하다	7기	(68)	생각(이) 나다	2본	(14)
별일	11본	(97)	생신	17기	(163)
병문안	16본	(143)	생활	2본	(14)
- 보고	16본	(143)	서너	13본	(120)
보내다	2본	(14)	서둘다	4연	(42)
볼링	16기	(152)	석가탄신일	6기	(55)
봉지	9본	(86)	선(을) 보다	14기	(138)
부르다	7기	(68)	설명	3기	(32)
부인	7기	(68)	성격	9기	(92)
부지런하다	3연	(33)	성적	12기	(116)
부탁하다	1기	(11)	세일	6기	(56)
북한산	16기	(152)	세일 기간	6기	(56)
붐비다	6기	(55)	소식	17본	(154)
비다	12기	(117)	소화가 되다	19기	(184)
비빔냉면	17기	(163)	속	9본	(85)
비자	6기	(56)	속(이) 상하다	2기	(22)
빠르다	7기	(68)	속이 쓰리다	14기	(138)
빼다	3기	(33)	손자	11기	(106)
뼈다	4연	(42)	손질하다	7본	(60)
			수저	13기	(129)
			쉬다	2기	(22)

ㅅ

사고 나다	19기	(184)	시들다	8본	(71)
사귀다	3연	(33)	시키다	12본	(108)

식구	4연	(42)	안부	9기	(92)
식후	8기	(83)	안색	17기	(163)
실력	4본	(36)	알	8기	(83)
실컷	8기	(82)	알약	9본	(85)
싫어하다	9기	(92)	-았/었다가	13본	(119)
심심하다	1기	(11)	-았/었더니	14본	(138)
싱글벙글	1기	(11)	약속을 지키다	8기	(83)
싱싱하다	8본	(71)	얇다	1연	(12)
싸다	7연	(68)	어디든지	4기	(42)
싸우다	2기	(22)	어떻게든지	4기	(42)
쌀	7기	(68)	어울리다	3본	(24)
-씩	1본	(14)	-어치	8본	(72)
			언제든지	4본	(36)

ㅇ

			얼마나	4본	(36)
-아/어 가지고	12본	(108)	얼마만에	1연	(12)
-아/어 드리다	7본	(59)	-에	2본	(14)
-아/어 버리다	14본	(131)	-에 따라	9기	(92)
-아/어 죽겠다	12본	(108)	연기하다	18본	(165)
-아/어(라)	11본	(97)	연락이 오다	3기	(32)
-아/어도 되다	7본	(60)	연장	6기	(56)
-아/어서 죽을 뻔하다			열흘	9기	(92)
	13본	(120)	엽서	2연	(22)
-아/어야 할지 모르다			예매	18기	(172)
	13본	(119)	오래간만	1본	(2)
-아/어야지요	8본	(71)	오르다	7기	(68)
아니면	16본	(143)	옮기다	12기	(116)
아르바이트	1본	(2)	요새	12본	(108)
아무	17본	(154)	우선	9본	(85)
아무 -(이)나	3본	(24)	우습다	12기	(116)
아무거나	7기	(68)	우승하다	12기	(116)

웃기다	11기	(106)	인터뷰	18본	(165)
웬일이세요?	6본	(47)	일어서다	2기	(22)
유행	9기	(92)	일인당	13본	(120)
-은 지	4본	(36)	잃어 버리다	2연	(22)
-은 척 하다	19본	(175)	입원하다	13기	(128)
-은데도	18본	(165)	입장료	13본	(120)
-을 걸(그랬다)	18본	(165)	잊어 버리다	1기	(12)
-을 만하다	13본	(119)			
-을 뻔하다	13본	(120)	**ㅈ**		
-을 정도	7본	(60)	-자	11본	(97)
-을 줄 알다	17본	(154)	자꾸	1기	(11)
-으려고	6본	(47)	자르다	7본	(59)
-으려다가	17본	(154)	자연스럽다I1	7본	(60)
-을까 봐	19본	(175)	-잖아	12본	(108)
-을까 하다	6본	(47)	잘 해 주다	3연	(33)
-을테니까	8본	(71)	잘나다	19기	(184)
음식	2본	(14)	장보기	8본	(71)
응원하다	7기	(68)	적어도	13본	(120)
-이나	1본	(14)	정신(이) 없다	1기	(12)
-이나	2본	(36)	제목	16기	(152)
이따가	3기	(32)	조개	1기	(11)
-이라면	6본	(47)	조용하다	1기	(11)
-이라서	6본	(47)	졸다	1연	(12)
이발사	7본	(60)	졸리다	1연	(12)
이사가다	4기	(42)	주사(를) 맞다	1연	(12)
이삼 년	2기	(22)	죽	7기	(68)
이왕	19본	(175)	준비	2기	(22)
이틀	9기	(92)	줄	8기	(83)
인기	12기	(116)	중간	12기	(116)
인스턴트 식품	6연	(56)	지겹다	9기	(92)

지내다	1본	(2)			
-지요	7본	(60)		**ㅋ**	
짐	7기	(68)	카네이션	16기	(152)
집을 보다	19본	(175)	칼국수	16기	(152)
짓다	9본	(86)	콘서트	18본	(165)
-짜리	8본	(71)	키위	4기	(42)
찌게	8본	(71)			
찌게거리	11기	(106)		**ㅌ**	
			타다	1연	(12)
	ㅊ		탁구	16기	(152)
차다	3기	(32)	퇴근	6기	(128)
차라리 -는 게 낫겠다			퇴근하다	14기	(138)
	19본	(175)	퇴원	16본	(143)
차비	13본	(120)	퇴원하다	13기	(128)
차에 치이다	13기	(129)	튀김	8기	(82)
차표	18기	(172)			
참가하다	4연	(43)		**ㅍ**	
참다	17기	(163)	파	8본	(72)
찾다	3본	(24)	펑펑 쓰다	14본	(131)
채소	8본	(71)	편	6기	(56)
천사	4기	(42)	편하다	13본	(119)
체하다	9본	(85)	풀다	3기	(33)
초대하다	13기	(129)	풋고추	8본	(72)
출근	6기	(55)	필요하다	8본	(71)
출근하다	3기	(32)			
취소하다	18본	(165)		**ㅎ**	
취직	19기	(184)	하다	3기	(32)
취하다	7기	(68)	하도 -아/어서	12본	(108)
-치	9본	(86)	하루	9본	(85)
			하루종일	2기	(22)

하숙비	17기	(163)
하품(을) 하다	1기	(11)
한	16본	(143)
한가해지다	3기	(32)
한꺼번에	12기	(116)
한두	2본	(14)
한산하다	8기	(83)
한참	4기	(42)
항상	1기	(11)
해가 뜨다	12본	(108)
해결하다	13기	(129)
해운대	6기	(68)
향수	6연	(56)
호박	8본	(72)
혼(이) 나다	2기	(22)
화(가) 나다	2기	(22)
화를 내다	14기	(138)
환자	3연	(33)
휴가	3기	(32)
흐리다	2기	(22)

한국어 회화2	값 11,000원

1991년 7월 30일 초판발행
1997년 5월 30일 개정2판5쇄발행

편집겸
발행인 김 홍 규

발행처 **고대 민족문화연구소**

서울특별시 성북구 안암동 5가 1
〈1964. 9. 28. 등록 제6-18호〉
전　화 : 923-1607, 920-1781~4
F A X : 926-8385
한국어문화연수부 : 920-1786
　　　　　　　　　920-1787

제 작　성 문 사

- Fear

가위 = Scissors
바위 = Rock
보 = Cloth

놀이 Game

묵찌빠

묘ㅇ

나비야 나비야 이리 날아 오너라
노랑 나비 흰나비 춤을 추며 오너라

ARS
ARSE
ASS
FANNY
BUM

되에